Guide OCDE-FAO pour des filières agricoles responsables

Ce document et toute carte qu'il peut comprendre sont sans préjudice du statut de tout territoire, de la souveraineté s'exerçant sur ce dernier, du tracé des frontières et limites internationales, et du nom de tout territoire, ville ou région.
Les noms de pays et territoires employés dans ce document sont ceux qu'utilise la FAO.

Merci de citer cet ouvrage comme suit :
OCDE/FAO (2016), *Guide OCDE-FAO pour des filières agricoles responsables*, Éditions OCDE, Paris.
http://dx.doi.org/10.1787/9789264264038-fr

ISBN 978-92-64-26402-1 (imprimé)
ISBN 978-92-64-26403-8 (PDF)

FAO :
ISBN 978-92-5-209395-4 (imprimé et PDF)

Les données statistiques concernant Israël sont fournies par et sous la responsabilité des autorités israéliennes compétentes. L'utilisation de ces données par l'OCDE est sans préjudice du statut des hauteurs du Golan, de Jérusalem-Est et des colonies de peuplement israéliennes en Cisjordanie aux termes du droit international.

Crédits photo : Couverture © pink_cotton_candy/iStock/Thinkstock.com

Les corrigenda des publications de l'OCDE sont disponibles sur : *www.oecd.org/about/publishing/corrigenda.htm*.

Avant-propos

Le Guide OCDE-FAO pour des filières agricoles responsables (le Guide) a été élaboré pour aider les entreprises à respecter les standards existants de conduite responsable des entreprises dans les filières agricoles. Ces standards incluent notamment les Principes directeurs de l'OCDE à l'intention des entreprises multinationales, les Principes pour un investissement responsable dans l'agriculture et les systèmes alimentaires et les Directives volontaires pour une gouvernance responsable des régimes fonciers applicables aux terres, aux pêches et aux forêts dans le contexte de la sécurité alimentaire nationale. Respecter ces standards permet aux entreprises de réduire leurs impacts négatifs et de contribuer à un développement durable.

Le présent Guide cible toutes les entreprises intervenant dans les filières agricoles, y compris les entreprises nationales et internationales, privées et publiques, petites, moyennes et grandes. Il couvre les secteurs amont et aval des filières agricoles, depuis la fourniture d'intrants jusqu'à la production, les traitements post-récolte, la transformation, le transport, la commercialisation, la distribution et la vente des produits agricoles. Le Guide tient compte des domaines de plusieurs risques propres aux filières agricoles: droits de l'homme, droits du travail, santé et sûreté, sécurité alimentaire et nutrition, droits fonciers et accès aux ressources naturelles, bien-être animal, protection de l'environnement et exploitation durable des ressources naturelles, gouvernance, technologie et innovation.

Le présent Guide se compose des quatre parties suivantes:

- *un modèle de politique d'entreprise qui présente le contenu des standards existants pour des filières agricoles responsables*
- *un cadre pour l'exercice du devoir de diligence fondé sur les risques dans les filières agricoles*
- *une description des risques et des mesures d'atténuation de ces risques*
- *un guide concernant l'engagement des peuples autochtones.*

Le présent Guide a été développé par l'OCDE et l'Organisation des Nations Unies pour l'alimentation et l'agriculture (FAO) au cours d'un processus de consultation multi-acteurs de deux ans. Il a été approuvé par le Comité de l'investissement de l'OCDE, le Comité de l'agriculture de l'OCDE et le Cabinet du Directeur général de la FAO. Une Recommandation relative au Guide a été adoptée lors de la réunion du Conseil OCDE du 13 juillet 2016. Même si juridiquement non-contraignante, cette Recommandation reflète la position commune et l'engagement politique des membres ainsi que des non-membres adhérents.

Afin d'aider les entreprises à construire des chaînes d'approvisionnement responsables, l'OCDE a également développé des guides adaptés à d'autres secteurs, précisément: le secteur extractif, particulièrement les minerais provenant de zones de conflit ou à haut risque, l'industrie du vêtement et de la chaussure, et la finance.

Table des matières

Tableau

Graphiques

Encadrés

Suivez les publications de l'OCDE sur :

 http://twitter.com/OECD_Pubs

 http://www.facebook.com/OECDPublications

http://www.linkedin.com/groups/OECD-Publications-4645871

 http://www.youtube.com/oecdilibrary

 http://www.oecd.org/oecddirect/

Suivez FAO sur :

Organisation des Nations Unies
pour l'alimentation et l'agriculture

 twitter.com/FAOstatistics
twitter.com/FAOKnowledge
twitter.com/FAOnews

 www.facebook.com/UNFAO

 www.linkedin.com/company/fao

 plus.google.com/+UNFAO

 www.instagram.com/unfao

 www.youtube.com/user/FAOoftheUN

Acronymes et abréviations

AMGI	Agence multilatérale de garantie des investissements
BM	Banque mondiale
CAO	Conseiller-médiateur pour l'application des directives de la SFI et de l'AMGI
CDB	Convention sur la diversité biologique
CNUCED	Conférence des Nations Unies sur le commerce et le développement
CPLCC	Consentement préalable donné librement et en connaissance de cause
CRE	Conduite responsable des entreprises
CSA	Comité de la sécurité alimentaire mondiale
CSA-IRA	Principes pour un investissement responsable dans l'agriculture et les systèmes alimentaires du Comité de la sécurité alimentaire mondiale
DVGR	Directives volontaires pour une gouvernance responsable des régimes fonciers applicables aux terres, aux pêches et aux forêts dans le contexte de la sécurité alimentaire nationale
EIE	Étude d'impact environnemental
EIESDH	Évaluation d'impact environnemental, social et sur les droits de l'homme
FAO	Organisation des Nations Unies pour l'alimentation et l'agriculture
FIDA	Fonds international de développement agricole
IDE	Investissement direct étranger

IFPRI	Institut international de recherche sur les politiques alimentaires
ITPGRFA	Traité international sur les ressources phytogénétiques pour l'alimentation et l'agriculture
NU	Nations Unies
OCDE	Organisation de coopération et de développement économiques
OIE	Organisation mondiale de la santé animale
OIT	Organisation internationale du travail
OMS	Organisation mondiale de la santé
ONG	Organisation non gouvernementale
PCN	Point de contact national
PIDESC	Pacte international relatif aux droits économiques, sociaux et culturels
PRAI	Principes pour un investissement agricole responsable qui respecte les droits, les moyens d'existence et les ressources élaborés par la FAO, le Fonds international de développement agricole (FIDA), la Conférence des Nations Unies sur le commerce et le développement (CNUCED) et la Banque mondiale
RSE	Responsabilité sociale des entreprises
SFI	Société financière internationale
UE	Union européenne
US	États-Unis
USD	Dollar des États-Unis

Préface

Le Guide OCDE-FAO pour des filières agricoles responsables répond à un besoin critique de conseils pratiques concernant la conduite responsable des entreprises dans le secteur agricole. Les investissements dans le secteur agricole ont augmenté ces dernières années et devraient poursuivre leur hausse à mesure que le secteur se développe pour satisfaire une demande croissante en produits agricoles. Alors que les investissements agricoles ont augmenté, le sentiment qu'ils doivent être réalisés de manière responsable a également pris de l'importance. Les standards de conduite responsable des entreprises dans les filières agricoles sont essentiels afin que les bénéfices liés à ces investissements soient largement diffusés et que l'agriculture continue de remplir ses multiples fonctions, y compris la sécurité alimentaire, la réduction de la pauvreté et la croissance économique.

Le Guide OCDE-FAO a été élaboré entre octobre 2013 et septembre 2015, sous la direction d'un Groupe consultatif multi-acteurs comprenant des représentants de pays membres et non membres de l'OCDE, du secteur privé et de la société civile. Le Groupe consultatif est présidé par David Hegwood, Directeur de l'engagement et la stratégie internationale au Bureau pour la sécurité alimentaire à USAID. Les trois vice-présidents représentent les différents groupes de parties prenantes: Mella Frewen, directrice générale de FoodDrinkEurope; Bernd Schanzenbaecher, fondateur et directeur associé d'EBG Capital; et Kris Genovese, chercheuse senior au Centre de recherches sur les entreprises multinationales (SOMO) et co-coordinatrice d'OCDE Watch.

Au cours de scs travaux, le Groupe consultatif a tenu trois réunions physiques et trois conférences téléphoniques. Il a tenu sa première réunion le 16 octobre 2013 et des réunions suivantes le 26 juin 2014 et le 16 mars 2015. Il a également organisé une réunion conjointe avec le Groupe consultatif sur la participation constructive des parties prenantes dans le secteur extractif le 18 juin 2015 afin de débattre du consentement préalable donné librement et en connaissance de cause. Les conférences téléphoniques se sont tenues le 10 février 2014, le 28 mai 2014 et le 7 janvier 2015. Une consultation publique en ligne a été organisée en janvier et février 2015 pour recueillir les observations d'un large éventail de parties prenantes sur le projet de Guide.

Le Guide OCDE-FAO a également bénéficié des conclusions du Forum mondial sur la conduite responsable des entreprises qui s'est tenu en 2014 et en 2015. Le 27 juin 2014, une session sur les filières agricoles responsables a permis de déterminer les principaux risques auxquels sont exposées les entreprises qui investissent dans les filières agricoles et de débattre des mesures que les pouvoirs publics et les entreprises pourraient prendre pour atténuer ces risques et veiller à ce que les investissements agricoles bénéficient aux pays d'origine et aux pays hôtes, ainsi qu'aux investisseurs. Le 19 juin 2015, un panel a exploré les rôles et les responsabilités des différentes catégories d'entreprises intervenant dans les filières agricoles et les manières dont elles peuvent collaborer pour exercer leur devoir de diligence.

La diversité des perspectives représentées au sein du Groupe consultatif a contribué à l'élaboration d'un guide qui insiste sur le respect des droits de toutes les parties prenantes affectées par les activités des entreprises opérant dans les filières agricoles, qui définit les rôles et responsabilités des entreprises intervenant dans ces filières et qui propose des méthodes pratiques pour atténuer les risques auxquels les entreprises sont exposées. Nous sommes persuadés que ce Guide constituera un outil précieux pour éclairer les entreprises dans l'exercice de leur devoir de diligence. Nous pensons qu'il contribuera au respect des standards existants pris en compte lors de sa rédaction.

David Hegwood

Président du groupe consultatif multi-acteurs
et Directeur, Engagement et stratégie internationale,
Bureau pour la sécurité alimentaire, USAID

Recommandation du Conseil sur le Guide OCDE-FAO pour des filières agricoles responsables

13 juillet 2016

LE CONSEIL,

VU l'Article 5b) de la Convention de l'Organisation de coopération et de développement économiques du 14 décembre 1960 ;

VU la Déclaration sur l'investissement international et les entreprises multinationales [C(76)99/FINAL], la Décision du Conseil relative aux Principes directeurs de l'OCDE à l'intention des entreprises multinationales [C(2000)96/FINAL tel que modifié par C/MIN(2011)11/FINAL] (ci-après "Décision sur les Principes directeurs"), la Convention sur la lutte contre la corruption d'agents publics étrangers dans les transactions commerciales internationales, la Recommandation du Conseil relative au Guide de l'OCDE sur le devoir de diligence pour des chaînes d'approvisionnement responsables en minerais provenant de zones de conflit ou à haut risque [C/MIN(2011)12/FINAL tel que modifié par C(2012)93], et la Recommandation du Conseil relative au Cadre d'action pour l'investissement [C(2015)56/REV1];

RAPPELANT que l'objectif commun des gouvernements qui recommandent le respect des Principes directeurs de l'OCDE à l'intention des entreprises multinationales (ci-après "Principes directeurs") est de promouvoir la conduite responsable des entreprises ;

RAPPELANT EN OUTRE que la Décision sur les Principes directeurs indique que le Comité de l'investissement doit, en coopération avec les Points de contact nationaux, poursuivre un agenda proactif en collaboration avec les parties prenantes afin de promouvoir le respect effectif par les entreprises des principes et standards inclus dans les Principes directeurs concernant certains produits, régions, secteurs ou industries;

CONSIDÉRANT les efforts de la communauté internationale, en particulier du Comité de la sécurité alimentaire mondiale et de l'Organisation des Nations-Unies pour l'alimentation et l'agriculture (FAO), pour promouvoir des investissements agricoles et des systèmes alimentaires responsables et la gouvernance responsable des régimes fonciers applicables aux terres, aux pêches et aux forêts ;

RECONNAISSANT que construire des filières agricoles responsables est essentiel au développement durable ;

RECONNAISSANT que les gouvernements, les entreprises, les organisations de la société civile et les organisations internationales peuvent tirer profit de leurs compétences et de leurs rôles respectifs pour construire des filières agricoles responsables qui bénéficient à la société dans son ensemble ;

NOTANT que l'exercice du devoir de diligence est un processus continu, proactif et réactif à travers lequel les entreprises s'assurent qu'elles observent les standards soutenus par les gouvernements pour des filières agricoles responsables, y compris ceux relatifs aux droits de l'homme, aux droits du travail, à la santé, la sûreté, la sécurité alimentaire et la nutrition, aux droits fonciers et à l'accès aux ressources naturelles, au bien-être animal, à la protection de l'environnement et l'exploitation durable des ressources naturelles, et à la gouvernance, la technologie et l'innovation ;

VU le Guide OCDE-FAO pour des filières agricoles responsables [C(2016)83/ADD1] (ci-après "Guide") qui peut être modifié si nécessaire par le Comité de l'investissement et le Comité de l'agriculture en coopération avec la FAO ;

NOTANT que ce Guide propose un modèle de politique d'entreprise présentant le contenu des standards existants pour des filières agricoles responsables ainsi qu'un cadre en cinq étapes pour l'exercice du devoir de diligence basé sur les risques qui décrit les étapes que les entreprises doivent suivre pour identifier, évaluer et atténuer les impacts négatifs réels et potentiels de leurs activités ou de leurs relations d'affaires et pour rendre compte de la manière dont elles répondent à ces impacts ;

Sur proposition du Comité de l'investissement et du Comité de l'agriculture:

I. **RECOMMANDE** que les Membres et non-Membres adhérant à cette Recommandation (ci-après "Adhérents") et, le cas échéant, leurs Points de contact nationaux (ci-après "PCN"), promeuvent activement l'utilisation du Guide par les entreprises exerçant leurs activités sur leur territoire ou à partir de celui-ci avec pour objectif de s'assurer que ces dernières observent les standards internationaux de conduite responsable des entreprises dans les filières agricoles afin de prévenir les impacts négatifs de leurs activités et de contribuer au développement durable, et en particulier à la réduction de la pauvreté, la sécurité alimentaire et l'égalité des genres ;

II. **RECOMMANDE**, en particulier, que les Adhérents prennent des mesures pour appuyer activement l'adoption du modèle de politique d'entreprise par les entreprises opérant dans ou depuis leurs territoires et l'incorporation dans leurs systèmes de gestion du cadre en cinq étapes pour l'exercice du devoir de diligence basé sur les risques dans les filières agricoles qui est établi dans le Guide ;

III. **RECOMMANDE** que les Adhérents et, le cas échéant, les PCN, avec l'appui de l'OCDE y compris à travers ses activités avec les Nations Unies et les organisations de développement international, assurent la dissémination la plus large possible du Guide et son utilisation active par diverses parties prenantes, y compris les exploitations agricoles, les entreprises en amont et en aval, les communautés affectées et les organisations de la société civile, et rapportent régulièrement au Comité de l'investissement et au Comité de l'agriculture sur les activités de dissémination et de mise en œuvre du Guide ;

IV. **INVITE** les Adhérents et le Secrétaire général à diffuser cette Recommandation ;

V. **INVITE** les non-Adhérents à prendre dûment en compte et la présente Recommandation et à y adhérer ;

VI. **CHARGE** le Comité de l'investissement et le Comité de l'agriculture de suivre la mise en œuvre de la Recommandation et de faire rapport au Conseil au plus tard cinq ans après son adoption et en tant que de besoin par la suite.

1. Introduction

Contexte

Avec plus de 570 millions d'exploitations dans le monde, le secteur agricole[1] devrait continuer à attirer des investissements. Cela devrait être particulièrement notable en Asie du Sud et en Afrique subsaharienne, où le stock de capital agricole par travailleur est relativement faible puisqu'il s'élève à 1.700 USD et 2.200 USD respectivement, contre 16.500 USD en Amérique latine et dans les Caraïbes et 19.000 USD en Europe et en Asie centrale (FAO, 2012 et 2014). Au cours de la décennie à venir, les prix des produits agricoles devraient se maintenir à un niveau plus élevé que dans les années qui ont précédé la flambée des prix de 2007-08 à mesure que la demande alimentaire augmente en raison de la croissance démographique, la hausse des revenus et l'évolution des régimes alimentaires. La demande en produits non alimentaires augmente également (OCDE/FAO, 2015).

Les entreprises opérant dans les filières agricoles peuvent contribuer au développement durable de manière significative en créant des emplois et en apportant leur expertise et des moyens technologiques et financiers permettant d'accroître la production agricole de manière durable et de moderniser les filières. Cela peut améliorer la sécurité alimentaire et nutritionnelle et contribuer à la réalisation des objectifs de développement du pays hôte. Les principes de conduite responsable des entreprises (CRE)[2] internationaux visent à garantir que les activités des entreprises contribuent au développement durable. Un grand nombre d'entre elles les utilisent déjà. Les risques liés à leur non-respect peuvent être exacerbés par le fait que de nouveaux acteurs tels des investisseurs institutionnels s'impliquent de manière croissante dans les filières agricoles, et qu'un nombre croissant d'investisseurs ciblent de nouveaux marchés, y compris dans des pays à faible gouvernance.

Un guide conseillant les entreprises impliquées dans les filières agricoles sur la manière de respecter les standards actuels de CRE[3] constitue un outil essentiel pour prévenir tout impact négatif et veiller à ce que les investissements agricoles bénéficient aux entreprises,[4] aux pouvoirs publics et aux populations, et contribuent au développement durable et, en particulier, à la réduction de la pauvreté, la sécurité alimentaire et l'égalité des genres. L'éventail des entreprises ciblées par ce Guide OCDE-FAO pour des filières agricoles responsables (le Guide) englobe les entreprises directement impliquées dans la production agricole comme les petits producteurs, mais aussi d'autres acteurs impliqués via des liens d'ordre commercial,[5] tels des fonds d'investissement, des fonds souverains et des banques.[6]

Objectif

Le Guide vise à aider les entreprises à respecter les standards existants de CRE dans les filières agricoles,[7] notamment les Principes directeurs de l'OCDE à l'intention des entreprises multinationales (Principes directeurs de l'OCDE). Il est destiné à prévenir les risques d'impacts négatifs en matière environnementale, sociale et de droits de l'homme, et peut être utile aux travaux des Points de contact nationaux (PCN), qui sont chargés de renforcer l'efficacité des Principes directeurs de l'OCDE (voir l'Encadré 1). Il peut aider les pouvoirs publics, en particulier les PCN, à promouvoir les Principes directeurs de l'OCDE et à clarifier les standards existants dans le secteur agricole.

Le Guide s'appuie sur les standards existants afin d'aider les entreprises à les appliquer et à exercer leur devoir de diligence en fonction des risques encourus. Il ne fait référence qu'aux parties des Principes directeurs de l'OCDE et d'autres standards qui ont trait aux filières agricoles et ne vise aucunement à s'y substituer. Les entreprises doivent se référer directement à chacun de ces standards avant d'affirmer qu'elles les respectent. Certains signataires de la Déclaration sur l'investissement international et les entreprises multinationales, dont les Principes directeurs de l'OCDE font partie intégrante, ou certains membres de la FAO n'ont pas approuvé les standards pris en compte dans ce Guide.

Portée

Le Guide tient compte des standards en vigueur concernant la conduite responsable des entreprises dans les filières agricoles, y compris:

- Les Principes directeurs de l'OCDE à l'intention des entreprises multinationales (Principes directeurs de l'OCDE)
- Les Principes pour un investissement responsable dans l'agriculture et les systèmes alimentaires du Comité de la sécurité alimentaire mondiale (Principes CSA-IRA)
- Les Directives volontaires pour une gouvernance responsable des régimes fonciers applicables aux terres, aux pêches et aux forêts dans le contexte de la sécurité alimentaire nationale du Comité de la sécurité alimentaire mondiale (DVGR)
- Les Principes pour un investissement agricole responsable qui respecte les droits, les moyens d'existence et les ressources élaborés par la FAO, le Fonds international de développement agricole (FIDA), la Conférence des Nations Unies sur le commerce et le développement (CNUCED) et la Banque mondiale (PRAI)
- Les Principes directeurs relatifs aux entreprises et aux droits de l'homme [mise en œuvre du cadre de référence « protéger, respecter et réparer » des Nations Unies] (Principes directeurs des Nations Unies)
- La Déclaration de principes tripartite sur les entreprises multinationales et la politique sociale du Bureau international du Travail (Déclaration EMN de l'OIT)
- La Convention sur la Diversité Biologique (CDB), notamment les Lignes directrices facultatives Akwé: Kon
- La Convention sur l'accès à l'information, la participation du public au processus décisionnel et l'accès à la justice en matière d'environnement de la Commission économique des Nations Unies pour l'Europe (Convention d'Aarhus).

Les standards précités répondent aux trois critères suivants, qui ont été établis par le Groupe consultatif:[8] ils ont été négociés et/ou approuvés dans le cadre d'un processus intergouvernemental; ils concernent les filières agricoles; et ils ciblent particulièrement les entreprises et les investisseurs. Les quatre standards-clé de ce Guide sont décrits plus en détail dans l'encadré 1.1 ci-dessous. Le Guide tient également compte des standards suivants qui ne remplissent pas ces critères mais qui sont largement utilisés, dans la mesure où ils sont cohérents avec les standards susmentionnés:

- Les normes de performance de la Société financière internationale
- Les principes du Pacte mondial des Nations Unies.

Il est également fait référence à d'autres instruments tels que les traités des Nations Unies sur les droits de l'homme, lorsqu'ils concernent la mise en œuvre des standards précités. D'autre part, les entreprises pourront juger utile de se référer à d'autres standards qui ne sont pas mentionnés dans ce Guide, ainsi qu'à d'autres outils et directives plus spécifiques; elles en trouveront la liste en ligne.[9]

Encadré 1.1. **Description des principaux standards utilisés dans le Guide**

Principes directeurs de l'OCDE à l'intention des entreprises multinationales *(Principes directeurs de l'OCDE)*: Les Principes directeurs de l'OCDE constituent l'une des quatre parties de la Déclaration de l'OCDE sur l'investissement international et les entreprises multinationales de 1976, par laquelle les pays signataires se sont engagés à créer un climat d'investissement ouvert et transparent et à favoriser la contribution positive des entreprises multinationales au progrès économique et social. La Déclaration compte actuellement 46 adhérents – 34 pays membres de l'OCDE et 12 pays non membres.[1] Les Principes directeurs ont été révisés à plusieurs reprises, dont la dernière fois en 2011. Ils constituent l'ensemble le plus complet de recommandations endossées par les pouvoirs publics sur ce qu'est la CRE. Ils couvrent les neuf principaux domaines de la CRE: publication d'informations, droits de l'homme, emploi et relations professionnelles, environnement, corruption, intérêts des consommateurs, science et technologie, concurrence, et fiscalité. Ils sont adressés par les gouvernements adhérents aux entreprises multinationales qui opèrent au sein ou à partir des pays adhérents. Chaque pays adhérent doit se doter d'un Point de contact national qui a pour rôle de renforcer l'efficacité des Principes directeurs en menant des activités de promotion, en répondant à des demandes de renseignements et en participant à la résolution des problèmes soulevés par la mise en œuvre des Principes directeurs dans des circonstances spécifiques. Les Principes directeurs sont le premier instrument international intégrant la responsabilité incombant aux entreprises de respecter les droits de l'homme telle qu'elle est formulée dans les Principes directeurs des Nations Unies, et incorporant le devoir de diligence fondé sur les risques dans les grands domaines de l'éthique ayant trait aux impacts négatifs.[2]

Principes pour un investissement responsable dans l'agriculture et les systèmes alimentaires *(Principes CSA-IRA)*: Les Principes CSA-IRA ont été élaborés dans le cadre de négociations intergouvernementales pilotées par le CSA entre 2012 et 2014, auxquelles ont participé des organisations de la société civile, le secteur privé, des universitaires, des chercheurs et des organisations internationales. Ils ont été adoptés par le CSA le 15 octobre 2014, lors de sa 41e session. Ils sont volontaires et non contraignants, et concernent tous les types d'investissements dans l'agriculture et les systèmes alimentaires. Ils contiennent dix principes fondamentaux liés aux domaines suivants: la sécurité alimentaire et la nutrition; le développement économique durable et inclusif et l'éradication de la pauvreté; l'égalité entre les sexes et l'autonomisation des femmes; les jeunes; les régimes fonciers applicables aux terres, aux pêches et aux forêts et l'accès à l'eau; la gestion durable des ressources naturelles; le patrimoine culturel et le savoir traditionnel, la diversité et l'innovation; une agriculture et des systèmes alimentaires sûrs et sains; des structures de gouvernance, des procédures et des mécanismes de réclamation ouverts à tous et transparents; les impacts et la responsabilité. Une section complémentaire décrit les rôles et responsabilités des parties prenantes.

…/

Encadré 1.1. **Description des principaux standards utilisés dans le Guide** *(cont.)*

Directives volontaires pour une gouvernance responsable des régimes fonciers applicables aux terres, aux pêches et aux forêts dans le contexte de la sécurité alimentaire nationale *(DVGR)* : Les DVGR sont les premières directives mondiales sur la gouvernance foncière. Elles ont été développées dans le cadre de négociations intergouvernementales dirigées par le CSA, auxquelles ont également participé des organisations de la société civile, le secteur privé, des universitaires et des chercheurs ainsi que des organisations internationales. Elles ont été adoptées le 11 mai 2012 par le CSA lors de sa 38e session (extraordinaire). Elles ont fait l'objet d'une reconnaissance à l'échelle mondiale et leur mise en œuvre a été encouragée par le G20 et dans la Déclaration de Rio +20. Le 21 décembre 2012, l'Assemblée générale des Nations Unies s'est félicitée des résultats de la 38e session (extraordinaire) du CSA lors de laquelle les DVGR ont été adoptées, a encouragé les pays à s'attacher à leur mise en œuvre et a demandé aux entités des Nations Unies concernées de veiller à leur diffusion rapide et à leur promotion.[3] Ces Directives fournissent un cadre de référence destiné à améliorer une gouvernance foncière des terres, des pêches et des forêts qui favorise la sécurité alimentaire et contribue aux efforts nationaux et mondiaux visant à éliminer la faim et la pauvreté. En reconnaissant le rôle central de la terre dans le développement, elles favorisent des droits fonciers sûrs et un accès équitable aux terres, aux pêches et aux forêts. Elles déterminent des principes et pratiques internationaux qui peuvent guider la préparation et la mise en œuvre de mesures et de lois relatives à la gouvernance foncière. Ces Directives s'inscrivent dans la continuité des *Directives volontaires à l'appui de la concrétisation progressive du droit à une alimentation adéquate dans le contexte de la sécurité alimentaire nationale* adoptées par le Conseil de la FAO en novembre 2004.

Principes pour un investissement responsable dans l'agriculture qui respecte les droits, les modes de vie et les ressources *(PRAI)*: Le Groupe de travail inter-institutions (IAWG) composé du FIDA, de la FAO, de la CNUCED et de la Banque mondiale a organisé en marge de l'Assemblée générale des Nations Unies, en septembre 2009, une table ronde intitulée « Promouvoir l'investissement international responsable dans l'agriculture » afin de présenter les sept Principes, puis en a publié une version synoptique en février 2010. Les sept Principes portent sur les questions suivantes: droits à la terre et aux ressources, sécurité alimentaire, transparence, bonne gouvernance et environnement favorable, consultation et participation, investissements responsables par les entreprises agro-industrielles, viabilité sociale, et viabilité environnementale.[4] Lors du sommet de Séoul en novembre 2010, le G20 a encouragé « tous les pays et les entreprises à défendre les Principes pour un investissement responsable dans l'agriculture » dans le cadre d'un plan d'action pluriannuel sur le développement. L'IAWG a présenté un rapport sur les PRAI ainsi qu'un Plan d'action concernant les solutions permettant de promouvoir un investissement responsable dans l'agriculture au G20 en 2011 et au G8 en 2012.[5] Le G20 a donné son accord à une approche duale visant à piloter la mise en œuvre des PRAI et à utiliser les leçons tirées de ce pilote pour éclairer divers processus de consultation. En octobre 2012, l'IAWG a présenté un rapport d'étape sur son plan d'action en mentionnant en particulier la mise en œuvre expérimentale des PRAI avec les pays hôtes et les entreprises.[6] Plus récemment, le rapport de Saint-Pétersbourg de 2013 sur le suivi des engagements pris par le G20 en faveur du développement a « salué l'avancement des projets pilotes de mise en œuvre expérimentale des PRAI dans certains pays d'Afrique et d'Asie du sud-est ».

1. En février 2016, il s'agissait de l'Argentine, du Brésil, de la Colombie, du Costa Rica, de l'Égypte, de la Jordanie, de la Lettonie, de la Lituanie, du Maroc, du Pérou, de la Roumanie et de la Tunisie.
2. La diligence raisonnable s'applique à tous les chapitres des Principes directeurs, à l'exception de ceux consacrés à la science et la technologie, la concurrence et la fiscalité.
3. *www.un.org/News/Press/docs//2012/ga11332.doc.htm*.
4. Le texte des PRAI peut être téléchargé à l'adresse suivante: *www.responsibleagroinvestment.org*.
5. Groupe de travail inter-agence sur le Pilier sécurité alimentaire du Plan d'action pluriannuel du G20 pour le développement, 'Options for Promoting Responsible Investment in Agriculture', Rapport au Groupe de travail de haut niveau, septembre 2011.
6. Groupe de travail inter-agence sur les Principes pour un investissement responsable dans l'agriculture, Rapport de synthèse sur l'expérimentation des Principes pour un investissement responsable dans l'agriculture, octobre 2012.

Utilisateurs ciblés

Tout en reconnaissant que les agriculteurs sont les principaux investisseurs dans l'agriculture primaire, le présent Guide cible toutes les entreprises intervenant dans les filières agricoles, comme indiqué dans le graphique 1.1 ci-dessous, y compris les entreprises nationales et internationales, privées et publiques, petites, moyennes et grandes, que l'on appellera « entreprises » dans la suite de ce Guide.[10] Le Guide peut également appuyer les pouvoirs publics, en particulier les Points de contact nationaux, à mieux cerner et promouvoir les standards en vigueur dans les filières agricoles. En outre, il peut aider les communautés touchées par des impacts négatifs liés aux activités des entreprises à déterminer ce qu'elles sont en droit d'attendre des acteurs susmentionnés et, ainsi, garantir le respect de leurs droits.

Processus

Le Guide a été élaboré par l'OCDE et la FAO à travers un processus de consultation inclusif dirigé par un Groupe consultatif multi-acteurs créé en octobre 2013.[11] Ce Groupe consultatif est composé de représentants de pays membres et non membres de l'OCDE, d'investisseurs institutionnels, d'entreprises agro-alimentaires, d'organisations d'agriculteurs et de la société civile et d'organisations internationales. Ses missions sont les suivantes:

- Contribuer de manière substantielle à l'élaboration du Guide.
- Contribuer au processus de consultation des autres parties prenantes concernées, en participant et contribuant notamment à des processus multi-acteurs, en particulier les réunions du groupe de travail CSA-IRA à composition non limitée.
- Contribuer de manière substantielle aux mesures de suivi visant à promouvoir et mettre en œuvre le Guide.

Les Secrétariats de l'OCDE et de la FAO ont coordonné le processus de consultation en lien avec le Groupe consultatif et sous la direction de son président et de ses vice-présidents. Le Groupe de travail sur la conduite responsable des entreprises de l'OCDE, un organe dépendant du Comité de l'investissement, et le Groupe de travail des politiques et des marchés agricoles, un organe dépendant du Comité de l'agriculture de l'OCDE, ont été régulièrement consultés.

Notions-clé

Filières agricoles

Les filières agricoles désignent le système englobant l'ensemble des activités, organisations, acteurs, technologies, informations, ressources et services intervenant dans la fabrication de produits agro-alimentaires à destination des consommateurs. Elles couvrent les secteurs amont et aval des filières agricoles, depuis la fourniture d'intrants agricoles (semences, engrais, nourriture animale, médicaments ou équipement) jusqu'à la production, les traitements post-récolte, la transformation, la commercialisation, la distribution et la vente. Elles englobent également les services d'appui tels les services de vulgarisation, la recherche-développement et l'accès aux données de marché. Ainsi, elles se composent d'un vaste éventail d'entreprises, depuis les petits exploitants agricoles, les organisations d'agriculteurs, les coopératives et les start-ups jusqu'aux entreprises multinationales, en passant par les sociétés mères et leurs filiales, les entreprises d'État et les fonds souverains, les acteurs financiers et les fondations privés. Certains de ces acteurs ont commencé à investir dans le secteur agricole seulement récemment.

La structure des filières et les entreprises impliquées à chaque étape varient grandement en fonction des produits agro-alimentaires et des lieux.[12] Il faut donc cartographier les entreprises opérant tout au long des filières agricoles au cas par cas, afin d'avoir une vision plus claire des relations, des flux financiers et d'informations entre ces entreprises, et de mettre au point des audits plus adaptés. Pour les besoins du présent Guide, le graphique 1.1 ci-dessous présente une structure simplifiée des filières agricoles.

Graphique 1.1. **Différentes étapes des filières agricoles et entreprises concernées**

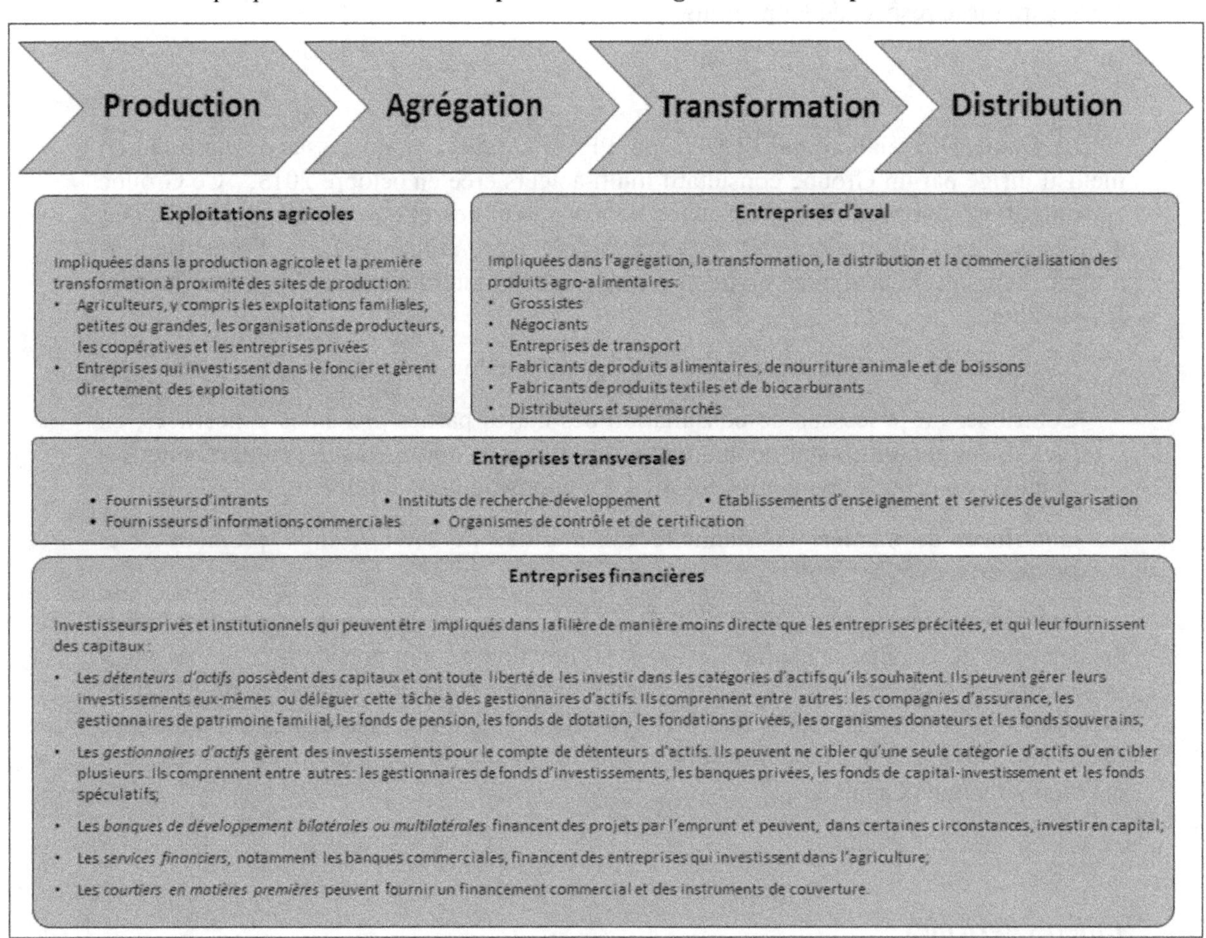

Note: OCDE. Ce diagramme n'est donné qu'à titre indicatif et ne vise pas l'exhaustivité.

Les entreprises sont liées entre elles par diverses relations et différents mécanismes. Les entreprises opérant en aval de la filière nouent des relations de nature variée avec les exploitations agricoles afin de garantir leur accès aux produits agricoles. Elles peuvent imposer des standards et des spécifications aux producteurs en ne s'impliquant guère davantage qu'en concluant un contrat d'achat. Elles peuvent s'impliquer plus activement, par exemple sous la forme d'une production agricole sous contrat afin de coordonner la production et d'en garantir la qualité et la sécurité sanitaire.[13] Les entreprises financières s'impliquent en général de manière plus indirecte en apportant des capitaux aux exploitations agricoles et aux entreprises d'aval, en investissant par exemple dans des projets entièrement nouveaux ou préexistants, des co-entreprises ou des fusions et acquisitions. En pratique, il est parfois difficile de tracer la frontière entre ces différentes catégories. Ainsi, les coopératives possèdent ou gèrent souvent l'équipement agricole et les actifs d'aval (raffineries de sucre, par exemple); on peut donc les considérer non seulement comme des exploitations agricoles, mais aussi comme des entreprises d'aval.

Les entreprises peuvent cibler des risques particuliers en fonction de leur situation dans la filière (Graphique 1.2). Les exploitations agricoles, par exemple, sont exposées à des risques plus élevés en matière de droits fonciers. Elles devraient donc privilégier la conduite de consultations efficaces, constructives et de bonne foi avec les détenteurs de droits fonciers.

Graphique 1.2. Risques aux différentes étapes des filières agricoles

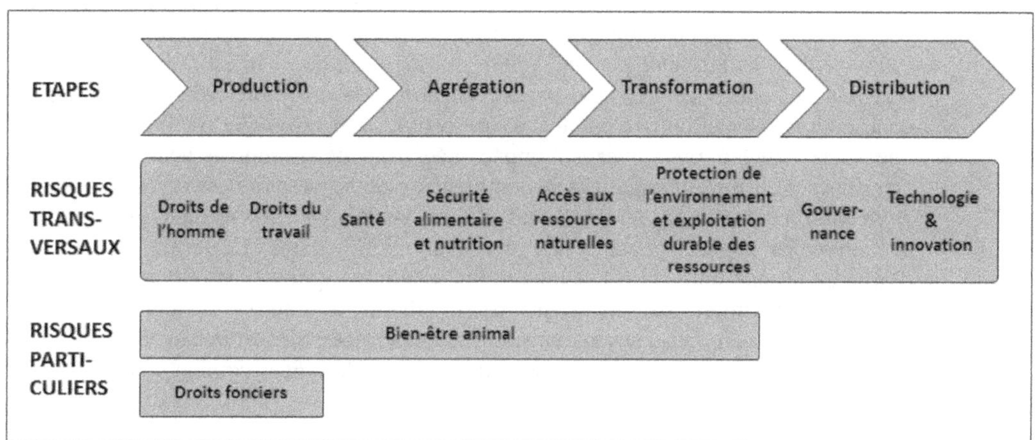

Devoir de diligence

On entend par devoir de diligence le processus qui, en tant que partie intégrante de leurs systèmes de prise de décisions et de gestion des risques, permet aux entreprises d'identifier, d'évaluer, d'atténuer et de prévenir les impacts négatifs, réels ou potentiels, de leurs activités, et de rendre compte de la manière dont elles y répondent.[14] Cela concerne les impacts négatifs dont les entreprises sont à l'origine ou auxquels elles contribuent ainsi que ceux qui sont directement liées à leurs activités, leurs produits et leurs services par une relation d'affaires (voir encadré 1.2 pour plus de détails).

Les entreprises évaluent les risques en déterminant les conditions factuelles de leurs activités et de leurs relations d'affaires et en mettant ces données en regard des droits et devoirs imposés par les lois et standards nationaux et internationaux, les recommandations des organisations internationales, les instruments endossés par les pouvoirs publics, les initiatives privées volontaires et leurs propres politiques et mécanismes. Le devoir de diligence peut aider les entreprises et leurs partenaires commerciaux à s'assurer qu'ils respectent les lois internationales et nationales ainsi que les standards de CRE.

Encadré 1.2. **Remédier aux impacts négatifs**

Conformément aux Principes directeurs de l'OCDE, les entreprises devraient « éviter d'avoir, du fait de leurs propres activités, des impacts négatifs dans les domaines visés par les Principes directeurs, ou d'y contribuer, et prendre des mesures pour réduire ces impacts lorsqu'ils se produisent ». Elles devraient aussi « s'efforcer de prévenir ou d'atténuer un impact négatif, dans le cas où elles n'y ont pas contribué mais où cet impact est néanmoins directement lié à leurs activités, produits ou services par une relation d'affaires. Ceci ne doit pas être interprété comme transférant la responsabilité de l'entité à l'origine d'un impact négatif sur l'entreprise avec laquelle elle entretient une relation d'affaires ». Par exemple, une institution financière peut contribuer à un impact négatif causé par l'une des entreprises dans lesquelles elle dispose d'une majorité de contrôle.

- Une entreprise « cause » un impact négatif s'il existe un lien de causalité entre les opérations, produits et services de l'entreprise et l'impact en question. Ce lien de causalité peut se produire par une action ou une omission – c'est-à-dire l'absence d'action. « Contribuer à » un impact négatif doit être interprété comme une contribution substantielle, c'est-à-dire une activité qui provoque, facilite ou incite une autre entité à provoquer un impact négatif. Une entreprise peut également contribuer à un impact négatif si la combinaison de ses activités et de celles d'une autre entité se traduit par un impact négatif. « *Directement lié* » est une notion large et couvre les impacts négatifs liés aux relations d'affaires. Le terme « relations d'affaires d'une entreprise » englobe les relations qu'elle entretient avec ses partenaires commerciaux, les agents de sa filière, et d'autres acteurs privés ou publics directement liés à ses activités, biens ou services. Les entités avec lesquelles une entreprise entretient des relations d'affaires sont désignées comme « *partenaires commerciaux* » dans le présent Guide.

Les Principes directeurs de l'OCDE soulignent que les entreprises devraient « encourager, dans la mesure du possible, leurs partenaires commerciaux, y compris leurs fournisseurs et sous-traitants, à appliquer les principes de CRE conformes aux Principes directeurs ». Ils précisent également qu'une « entreprise, seule ou en collaboration avec d'autres entités, le cas échéant, devrait faire usage de son influence[1] pour intervenir auprès de l'entité responsable de l'impact négatif sur les droits de l'homme afin de le prévenir ou l'atténuer ». Les facteurs permettant de déterminer les mesures adéquates à prendre comprennent notamment « le pouvoir exercé par l'entreprise sur l'entité concernée, l'importance de cette relation pour l'entreprise, la gravité de l'impact, et la probabilité que la rupture de la relation avec l'entité ait en soi un impact négatif sur les droits de l'homme ».

Ainsi, les entreprises devraient utiliser leur influence sur les entités directement liées à leurs activités, produits ou services pour favoriser la mise en œuvre de ce Guide. Par exemple, si leurs partenaires commerciaux se fournissent ou échangent auprès d'acteurs qui violent des droits fonciers légitimes, les entreprises devraient travailler avec eux pour prendre des mesures correctives et, dans la mesure du possible, mettre fin à la relation d'affaires si aucune solution ne peut être trouvée.

1. On considère qu'il y a influence lorsqu'une entreprise a la capacité de faire modifier les pratiques néfastes de l'entité responsable du dommage.

Source: Principes directeurs de l'OCDE, II.A.11-13; II.A, par. 14; et IV.43; OCDE (2014).

La nature et la portée du devoir de diligence dépendent de facteurs tels que la taille de l'entreprise, le contexte et la localisation de ses activités, la nature de ses produits et services, et la gravité des impacts négatifs réels et potentiels.[15] Les petites et moyennes entreprises, notamment les petits exploitants, ne sont pas toujours en mesure d'exercer le devoir de diligence tel que recommandé dans ce Guide, mais ils sont encouragés à continuer de s'associer aux efforts de diligence de leurs clients afin de renforcer leurs capacités et de pouvoir exercer eux-mêmes leur devoir de diligence à l'avenir.

Les Principes directeurs de l'OCDE recommandent d'exercer une diligence fondée sur les risques, ce qui signifie que la nature et la portée de la diligence doivent correspondre au type et au niveau de risque d'impacts négatifs.[16] La gravité des impacts négatifs réels et potentiels doit déterminer l'ampleur et la complexité de la diligence requise. Les secteurs présentant un niveau de risque plus élevé devraient faire l'objet d'une diligence accrue. Lorsque les entreprises ont un grand nombre de fournisseurs, elles sont invitées à identifier les domaines généraux dans lesquels le risque d'impacts négatifs est le plus important puis, à partir de cette évaluation du risque, à exercer leur devoir de diligence de manière prioritaire à l'égard de certains fournisseurs.[17] Une approche fondée sur les risques ne doit pas interdire aux entreprises d'intervenir dans certains contextes ou avec certains partenaires commerciaux, mais plutôt les aider à gérer les risques d'impacts négatifs de manière efficace dans des contextes présentant un niveau de risque élevé.

Comme le présente la Section 1.3 en détail, les différentes composantes du devoir de diligence peuvent être intégrées dans le cadre en cinq étapes suivant (Encadré 3).

Encadré 1.3. **Cadre en cinq étapes pour l'exercice du devoir de diligence**

- Étape 1: Établir des systèmes de gestion performants pour des filières agricoles responsables.
- Étape 2: Identifier, évaluer et hiérarchiser les risques associés à la filière.
- Étape 3: Concevoir et mettre en œuvre une stratégie pour répondre aux risques identifiés dans la filière.
- Étape 4: Vérifier l'exercice du devoir de diligence dans la filière.
- Étape 5: Rendre compte de l'exercice du devoir de diligence dans la filière.

Source: OCDE (2013), Guide OCDE sur le devoir de diligence pour des chaînes d'approvisionnement responsables en minerais provenant de zones de conflit ou à haut risque, Deuxième édition, Éditions OCDE, Paris, *http://dx.doi.org/10.1787/9789264185067-fr*.

Dans la mesure où une même entreprise peut intervenir à différents stades de la filière, il peut lui être utile pour exercer son devoir de diligence de veiller à la bonne coordination entre ses différents départements. Tout en considérant les questions relatives à la concurrence et aux données privées, les entreprises peuvent exercer leur devoir de diligence en collaborant avec d'autres acteurs du secteur afin de veiller à ce que leurs exercices du devoir de diligence se renforcent mutuellement et que les coûts soient réduits, par les moyens suivants:

- Coopération entre entreprises du même secteur, par exemple au moyen de mesures élaborées et gérées par une organisation sectorielle en vue de favoriser et d'améliorer le respect des standards internationaux[18]
- Partage des coûts entre entreprises du secteur pour réaliser des tâches spécifiques relatives à l'exercice du devoir de diligence
- Coordination entre entreprises faisant appel aux mêmes fournisseurs
- Coopération entre différents segments de la filière, par exemple entre entreprises d'amont et d'aval.

Les partenariats avec les organisations internationales et de la société civile peuvent également appuyer le devoir de diligence. Les programmes initiés par l'industrie sont plus crédibles lorsqu'ils associent non seulement les entreprises mais également les organisations de la société civile, les syndicats et les experts concernés, et qu'ils permettent de rechercher un consensus entre ces différents acteurs. Cependant, les entreprises conservent une responsabilité individuelle quant à la mise en œuvre de leur devoir de diligence.

Structure

La structure du présent Guide s'inspire du Guide OCDE sur le devoir de diligence pour des filières responsables en minerais provenant de zones de conflit ou à haut risque,[19] qui clarifie la manière dont les Principes directeurs de l'OCDE s'appliquent à un secteur spécifique en proposant des étapes segmentant l'exercice du devoir de diligence et des mesures d'atténuation des risques. Après cette introduction, le présent Guide se compose des parties suivantes:

- Section 1. Un modèle de politique d'entreprise qui présente le contenu des standards existants pour des filières agricoles responsables.
- Section 2. Un cadre pour l'exercice du devoir de diligence basé sur les risques présents dans les filières agricoles.
- Annexe A. Une description des risques et des mesures d'atténuation des risques dans les filières agricoles, fondées sur les standards existants.
- Annexe B. Des orientations concernant l'engagement des peuples autochtones.

2. Modèle de politique d'entreprise pour des filières agricoles responsables

Ce modèle de politique d'entreprise établit les principaux standards que les entreprises devraient respecter pour bâtir des filières agricoles responsables. Pour ce faire, il présente une partie du contenu des standards internationaux pertinents pour des filières agricoles responsables.[20] Certains de ces standards, en matière de droits de l'homme, de droits du travail et de sécurité sanitaire des aliments notamment, ont déjà été incorporés dans la législation de nombreux pays.

Les entreprises peuvent adopter ce modèle de politique d'entreprise tel quel ou en incorporer certaines parties, en les adaptant, dans leurs propres politiques de responsabilité sociale, de développement durable et de gestion des risques, ou dans d'autres dispositions équivalentes. L'usage du pronom "nous" reflète l'engagement volontaire des entreprises. En élaborant leur politique, les entreprises doivent également veiller à respecter toutes les lois nationales applicables et tenir compte des autres standards internationaux pertinents. L'adoption d'une politique en faveur de filières agricoles responsables constitue la première étape d'un cadre de diligence présenté à la Section 3, laquelle décrit comment une telle politique peut être mise en œuvre.

Reconnaissant les risques d'impacts négatifs significatifs qui existent dans les filières agricoles, et reconnaissant notre responsabilité de respecter les droits de l'homme et notre capacité à contribuer au développement durable, en particulier à la réduction de la pauvreté, la sécurité alimentaire et la nutrition ainsi qu'à l'égalité des genres, nous nous engageons à adopter, mettre en œuvre, diffuser largement et incorporer dans les contrats et accords conclus avec nos partenaires commerciaux la politique suivante pour des filières agricoles responsables. Nous encouragerons, dans la mesure du possible, nos partenaires commerciaux à appliquer cette politique et, s'ils causent des impacts négatifs ou y contribuent, nous userons de notre influence pour les prévenir ou les atténuer.

1. Standards transversaux de CRE

Évaluation d'impact

Nous évaluerons et prendrons en compte en continu, lors de la prise de décision, les impacts réels et potentiels de nos activités, procédés, biens et services sur l'ensemble de leur cycle de vie en vue d'éviter tout impact négatif et, si les impacts négatifs sont inévitables, de les atténuer. Les évaluations d'impact devraient impliquer un nombre représentatif de tous les groupes d'acteurs concernés.[21]

Publication d'informations

Nous partagerons dans les délais requis avec les communautés potentiellement affectées des informations exactes relatives aux facteurs de risque et à la réponse que nous apportons aux impacts environnementaux, sociaux et sur les droits de l'homme, et ce à tous les stades du cycle d'investissement.[22] Nous communiquerons également des informations exactes, vérifiables, claires et suffisamment exhaustives pour permettre aux consommateurs de prendre leurs décisions en connaissance de cause.[23]

Consultations

Nous tiendrons des consultations de bonne foi, efficaces et constructives avec les communautés, par l'intermédiaire de leurs propres institutions représentatives, avant de conduire toute activité susceptible de les affecter, et nous poursuivrons ces consultations jusqu'au terme desdites activités. Nous tiendrons compte des différences de risques auxquels sont exposés les hommes et les femmes.[24]

Nous tiendrons des consultations efficaces et constructives avec les peuples autochtones, par l'intermédiaire de leurs propres institutions représentatives, de manière à obtenir leur consentement préalable, donné librement et en connaissance de cause,[25] en cohérence avec la réalisation des objectifs de la Déclaration des Nations Unies sur les droits des peuples autochtones et en tenant dûment compte des points de vue et des conceptions des différents États.[26]

Partage des bénéfices

Nous veillerons à ce que nos activités contribuent à un développement rural durable et inclusif,[27] y compris, le cas échéant, en favorisant le partage juste et équitable d'avantages monétaires et non monétaires avec les communautés affectées à des conditions arrêtées d'un commun accord, conformément aux traités internationaux, quand cela est applicable aux acteurs qui en sont parties, par exemple dans le cas de l'utilisation de ressources génétiques pour l'alimentation et l'agriculture.[28]

Mécanismes de réclamation

Nous prévoirons au sein de l'entreprise et en consultation avec les utilisateurs potentiels des mécanismes de réclamation légitimes, accessibles, prévisibles, équitables et transparents. Nous coopérerons également avec d'autres mécanismes de réclamation non judiciaires. Ces mécanismes peuvent donner lieu à réparation lorsque nos activités ont causé des impacts négatifs ou y ont contribué faute d'avoir respecté les standards de CRE.[29]

Égalité hommes-femmes

Nous participerons à l'élimination des discriminations à l'égard des femmes, permettrons aux femmes de participer effectivement à la prise de décision et d'endosser des rôles de direction, veillerons à leur développement professionnel et leur avancement de carrière, et faciliterons leur traitement équitable dans l'accès et le contrôle des ressources naturelles, intrants, outils de production, services de conseil et de financement, formations, marchés et sources d'information.[30]

2. Droits de l'homme

Dans le cadre des droits de l'homme internationalement reconnus,[31] des engagements internationaux envers les droits de l'homme pris par les pays dans lesquels nous exerçons nos activités ainsi que des lois et règlements nationaux pertinents, nous nous engageons à:

- Respecter les droits de l'homme,[32] ce qui signifie nous garder de porter atteinte aux droits d'autrui et parer aux impacts négatifs sur les droits de l'homme dans lesquels nous avons une part.

- Dans le cadre de nos propres activités, éviter d'être la cause d'impacts négatifs sur les droits de l'homme ou d'y contribuer, et parer à ces impacts lorsqu'ils surviennent.[33]
- Nous efforcer de prévenir et d'atténuer les impacts négatifs sur les droits de l'homme directement liés à nos activités, produits et services par une relation d'affaires, même lorsque nous n'y avons pas contribué.[34]
- Faire preuve de diligence en matière de droits de l'homme en fonction de la taille, de la nature et du contexte de nos activités et de la gravité des risques d'impacts négatifs sur ces droits.[35]
- Établir des mécanismes légitimes ou nous y associer afin de remédier aux impacts négatifs sur les droits de l'homme lorsque nous établissons que nous avons causé ces impacts ou y avons contribué.[36]
- Dans le contexte de nos propres activités, veiller à ce que les droits de l'homme de toutes les personnes soient respectés sans distinction d'aucune sorte, qu'il s'agisse de la race, la couleur, le sexe, la langue, la religion, les opinions politiques ou toutes autres opinions, l'origine nationale ou sociale, la fortune, la naissance ou toute autre situation.[37]

3. Droits du travail

Nous respecterons dans le cadre de nos activités les principales normes internationales du travail, à savoir la liberté syndicale et le droit de négociation collective, y compris pour les travailleurs migrants, l'élimination de toute forme de travail forcé ou obligatoire, l'abolition effective du travail des enfants et l'élimination des discriminations en matière d'emploi et de formation.[38]

Dans le cadre de nos activités, nous nous engagerons également à:

- Assurer la santé et la sécurité au travail.
- Garantir des salaires, des prestations et des conditions de travail décents qui permettent au moins de satisfaire les besoins essentiels des travailleurs et de leurs familles, et tout faire pour améliorer les conditions de travail.[39]
- Promouvoir la sécurité de l'emploi et participer aux mécanismes publics offrant une certaine protection salariale aux travailleurs dont l'emploi a pris fin.[40]
- Chercher à prévenir l'exploitation des travailleurs migrants.[41]
- Adopter des méthodes, mesures et procédures permettant aux femmes de participer effectivement à la prise de décision et d'endosser des rôles de direction.[42]

Nous contribuerons à la mise en œuvre du droit au travail,[43] en:

- Cherchant à accroître les possibilités d'emploi directs et indirects.[44]
- Veillant à fournir une formation appropriée à nos travailleurs à tous les niveaux en vue de répondre aux besoins de l'entreprise ainsi qu'à la politique de développement du pays hôte, y compris en améliorant la productivité de la jeunesse et/ou son accès à un emploi décent ou à des opportunités entrepreneuriales.[45]
- Veillant à la protection de la maternité au travail.[46]

4. Santé et sûreté

Nous favoriserons la santé publique[47] en:

- adoptant des pratiques appropriées en vue de prévenir les menaces pour la vie humaine, la santé et le bien-être dans nos activités, ainsi que les menaces liées à la consommation, l'utilisation ou l'élimination de nos biens et services, notamment en adoptant des bonnes pratiques en matière de sécurité sanitaire[48]
- contribuant à la protection de la santé et de la sécurité des communautés affectées tout au long du cycle de vie de nos activités.[49]

5. Sécurité alimentaire et nutrition

Nous nous efforcerons de veiller à ce que nos activités contribuent à la sécurité alimentaire et la nutrition. Nous veillerons à améliorer la disponibilité, l'accès, la stabilité et l'utilisation d'aliments sûrs, nutritifs et variés.[50]

6. Droits fonciers et accès aux ressources naturelles

Nous respecterons les détenteurs de droits[51] légitimes sur les ressources naturelles ainsi que leurs droits sur les ressources naturelles, notamment les droits publics, privés, communaux, collectifs, autochtones et coutumiers qui pourraient être affectés par nos activités. Les ressources naturelles englobent les terres, les pêches, les forêts et l'eau.

Dans la mesure du possible, nous nous engagerons à être transparents et à partager les informations sur nos investissements fonciers, y compris celles relatives aux contrats de location et de concession, tout en tenant compte des questions relatives aux données privées.[52]

Nous préférerons des projets alternatifs réalisables afin d'éviter, ou de limiter s'il est inévitable, le déplacement physique et économique des titulaires légitimes de droits fonciers, tout en maintenant un rapport équilibré entre les coûts et les bénéfices environnementaux, sociaux et financiers, en accordant une attention particulière aux impacts négatifs sur les pauvres et les groupes vulnérables.

Nous sommes conscients du fait que, dans le respect de la législation et de la réglementation nationales et compte tenu du contexte national, les États ne devraient recourir à l'expropriation que lorsque l'acquisition des droits en jeu est nécessaire à des fins d'utilité publique et devraient garantir une indemnisation prompte, adéquate et effective.[53]

Lorsque les détenteurs de droits fonciers légitimes subissent des impacts négatifs, nous nous efforcerons de veiller à ce qu'ils perçoivent une indemnisation prompte, adéquate et effective pour leurs droits fonciers affectés par nos activités.[54]

7. Bien-être animal

Nous soutiendrons le bien-être animal dans nos activités,[55] en:

- veillant à mettre en œuvre les 'cinq libertés fondamentales' pour le bien-être animal, à savoir l'absence de faim, de soif et de malnutrition, de stress physique et thermique, de douleur, de lésions et de maladie, de peur et de détresse, et la possibilité pour l'animal d'exprimer les comportements normaux de son espèce[56]

- garantissant des standards élevés de gestion et d'élevage pour la production animale, qui soient proportionnés à la dimension de nos activités et conformes ou supérieurs aux principes de l'OIE.[57]

8. Protection de l'environnement et exploitation durable des ressources naturelles

Nous créerons et entretiendrons en coordination avec les agences gouvernementales responsables et les tierces parties concernées un système de gestion environnementale et sociale adapté à la nature et à la dimension de nos activités, et proportionnel au niveau des impacts environnementaux et sociaux potentiels.[58]

Nous améliorerons constamment notre performance environnementale:

- en prévenant la pollution et les impacts négatifs sur l'air, la terre, le sol, l'eau, les forêts et la biodiversité, en les atténuant et en y remédiant, et en réduisant les émissions de gaz à effet de serre
- en évitant ou réduisant la production de déchets dangereux et non dangereux, en remplaçant ou réduisant l'usage de substances toxiques,[59] et en améliorant l'utilisation productive des déchets ou en veillant à leur élimination sûre
- en veillant à l'exploitation durable des ressources naturelles et en renforçant l'efficacité de l'utilisation des ressources et l'efficacité énergétique[60]
- en réduisant le gaspillage alimentaire et les déchets et en favorisant le recyclage
- en favorisant les bonnes pratiques agricoles, y compris en entretenant ou en améliorant la fertilité des sols et en évitant leur érosion
- en soutenant et en préservant la biodiversité, les ressources génétiques et les services écosystémiques; en respectant les zones protégées,[61] les zones à haute valeur de protection et les espèces en danger; et en contrôlant et réduisant au minimum la prolifération des espèces invasives allogènes
- en renforçant la résilience de l'agriculture et des systèmes alimentaires, des habitats sur lesquels ceux-ci s'appuient et des moyens d'existence qui y sont liés, aux effets du changement climatique, à travers des mesures d'adaptation.[62]

9. Gouvernance

Nous préviendrons et nous abstiendrons de toute forme de corruption et de pratiques frauduleuses.[63]

Nous nous conformerons à la lettre comme à l'esprit des lois et règlements fiscaux des pays dans lesquels nous opérons.[64]

Nous nous abstiendrons de conclure ou d'exécuter des accords contraires à la concurrence et nous coopérerons avec les autorités de la concurrence.[65]

Dans la mesure où ils s'appliquent aux entreprises, nous agirons en cohérence avec les Principes directeurs contenus dans la Recommandation du Conseil relative aux Principes de gouvernance d'entreprise.[66]

10. Technologie et innovation

Nous contribuerons au développement et à la diffusion de technologies adéquates, en particulier de technologies respectueuses de l'environnement et générant des emplois directs et indirects.[67]

3. Cadre en cinq étapes pour l'exercice du devoir de diligence basé sur les risques dans les filières agricoles

Les entreprises peuvent appliquer le cadre en cinq étapes suivant pour exercer leur devoir de diligence dans les filières agricoles: (i) établir des systèmes de gestion performants pour des filières agricoles responsables; (ii) identifier, évaluer et hiérarchiser les risques associés à la filière agricole; (iii) concevoir et mettre en œuvre une stratégie pour gérer les risques identifiés; (iv) vérifier le devoir de diligence concernant la filière; et (v) publier un rapport sur l'exercice du devoir de diligence dans la filière. La première étape comprend l'adoption d'une politique d'entreprise en matière de CRE, qui peut s'inspirer du modèle de politique d'entreprise présenté dans la Section 2 du présent Guide. Toutes les entreprises devraient exercer un devoir de diligence, mais la mise en œuvre de ce cadre en cinq étapes devrait s'adapter à leur positionnement, à la nature de leur participation à la filière, au contexte et à la localisation de leurs activités ainsi qu'à leur taille et à leurs capacités. Cette section distingue dans la mesure du possible les responsabilités des différents types d'entreprises (exploitations agricoles, d'aval et financières) à chaque étape.

Étape 1. Établir des systèmes de gestion performants pour des filières agricoles responsables

1.1 Adopter ou intégrer dans les processus existants une politique d'entreprise en matière de CRE s'appliquant à la filière (ci-après dénommée politique d'entreprise en matière de CRE)

Cette politique devrait incorporer les standards utilisés dans la mise en œuvre du devoir de diligence, en s'inspirant des standards internationaux et du modèle de politique d'entreprise susmentionné. Elle peut prendre la forme d'une politique unique ou de plusieurs politiques autonomes (politique d'entreprise sur les droits de l'homme, par exemple) et peut contenir un engagement à respecter les standards sectoriels existants tels que ceux proposés par les mécanismes de certification.[68] Si des politiques d'entreprise sont en place depuis longtemps, elles peuvent être comparées au modèle de politique d'entreprise de la Section 2 afin de déceler les lacunes existantes et de mettre à jour les politiques en vigueur.

La politique d'entreprise en matière de CRE devrait:

- être approuvée au plus haut niveau de l'entreprise. La responsabilité de sa mise en œuvre doit être confiée à des cadres dirigeants.
- être établie par des spécialistes internes et externes et, le cas échéant, au terme d'une consultation des parties prenantes

- énoncer ce que l'entreprise attend en termes de CRE de ses employés, de ses partenaires commerciaux et d'autres parties directement liées à ses activités, produits et services
- être rendue publique et communiquée à l'ensemble du personnel, des partenaires commerciaux et des autres parties concernées
- être incorporée aux politiques et procédures opérationnelles afin de l'ancrer au sein de l'entreprise[69]
- être revue et adaptée régulièrement en tirant parti d'une meilleure connaissance des risques liés aux filières et des standards internationaux.

Certains risques d'impacts négatifs n'existent qu'à certaines étapes de la filière, telles la production et la transformation s'il s'agit des droits fonciers et du bien-être animal, mais la politique d'entreprise en matière de CRE doit couvrir les risques pouvant survenir dans l'ensemble de la filière.

1.2. Structurer les systèmes de gestion internes afin d'appuyer l'exercice du devoir de diligence dans la filière

Les cadres dirigeants devraient participer de manière visible et volontariste à la mise en œuvre et au respect de la politique d'entreprise en matière de CRE. Les employés et les partenaires commerciaux devraient être formés et incités à s'y conformer. Il convient de désigner une personne possédant les compétences techniques et culturelles adéquates pour se charger de l'exercice du devoir de diligence avec l'équipe nécessaire. Des moyens financiers appropriés devraient être alloués. Une structure interne chargée de rendre compte devrait être établie et soutenue de manière adéquate. Elle devrait également être connue au sein de l'entreprise au niveau des points clés de ses différentes activités. Les pratiques de CRE devraient être les mêmes pour les différents activités de l'entreprise. Elles devraient être adaptées aux objectifs, activités et produits et à la taille de l'entreprise et tenir compte de ses capacités financières.

1.3. Mettre en place un système de contrôle et de transparence de la filière

Il est indispensable de suivre la mise en œuvre de la politique d'entreprise en matière de CRE pour en assurer la crédibilité et l'efficacité et pour entretenir de bonnes relations avec les acteurs concernés, y compris les autorités publiques. Cela suppose de:

- Créer des procédures de vérification interne afin de conduire régulièrement des examens indépendants et transparents de l'application de la politique. De telles procédures peuvent prendre la forme d'un système de traçabilité[70] qui implique de: créer la documentation interne relative au processus de diligence, aux résultats obtenus et aux décisions qui en découlent; tenir un inventaire interne et conserver la documentation relative aux transactions effectués et s'assurer qu'ils puissent être consultés et utilisés a posteriori pour identifier les acteurs de la filière; effectuer et recevoir les paiements via un compte bancaire officiel et veiller à ce que les achats en numéraire, lorsqu'ils sont inévitables, s'accompagnent de documents vérifiables; et conserver les informations recueillies pendant une période de plusieurs années. Les entreprises en amont de la filière devraient dresser un bilan de masse ou permettre la traçabilité de la ségrégation physique,[71] en créant par exemple une chaîne de contrôle, tandis que les entreprises d'aval devraient identifier leurs fournisseurs ainsi que les pays dans lesquels leurs fournisseurs indirects s'approvisionnent. La transmission d'information d'amont en aval peut renforcer la transparence et faciliter la traçabilité.

- Établir des liens commerciaux permanents, ceci étant le meilleur moyen d'alimenter un flux d'information continu. Des canaux de communication avec les différentes parties prenantes peuvent permettre de signaler d'éventuels écarts par rapport à la politique d'entreprise et aux standards concernés. L'exécution et le suivi d'audits périodiques et d'évaluations d'impact environnemental, social et sur les droits de l'homme (EIESDH)[72] peuvent également permettre d'évaluer la mise en œuvre de la politique d'entreprise mais ne doivent pas se substituer à ces flux d'informations.

1.4. Renforcer l'engagement avec les partenaires commerciaux

Une politique de CRE devrait être incorporée aux contrats et accords conclus avec les partenaires commerciaux. Cette politique devrait être adaptée à leurs capacités. Les liens de long terme avec des partenaires commerciaux peuvent permettre d'encourager l'adoption d'une telle politique et d'améliorer la transparence. Des plans de mise en œuvre de cette politique, élaborés en coordination avec les partenaires commerciaux et associant des administrations locales et centrales, ainsi que des organisations internationales et de la société civile, peuvent favoriser son respect, notamment s'ils incluent un renforcement des capacités. Les entreprises peuvent par exemple renforcer les capacités de petits exploitants agricoles rencontrant des difficultés à respecter des standards rigoureux et parfois coûteux.

1.5. Créer un mécanisme de réclamation au niveau opérationnel en consultation et en collaboration avec les acteurs concernés

Un mécanisme de réclamation[73] peut alerter les entreprises d'éventuels écarts par rapport aux standards concernés et les aider à déterminer les risques encourus, notamment en améliorant la communication avec les acteurs concernés. Il peut être établi à l'échelle d'un projet, d'une entreprise ou d'un secteur d'activité. Il devrait être utilisé comme système d'alerte précoce des risques existants et comme mécanisme permettant de prévenir les conflits et d'accorder réparation. Par exemple, les mécanismes de réclamation établis par des systèmes existants de relations sectorielles et des accords de négociation collective peuvent constituer des instruments efficaces et crédibles de respect des droits du travail.

Les mécanismes de réclamation devraient pouvoir être aisément utilisés par les travailleurs et tous ceux qui sont ou peuvent être affectés par des impacts négatifs liés à la non-application des standards de CRE par l'entreprise. Les entreprises devraient faire connaître leur existence et leurs modalités d'accès, encourager activement leur utilisation, garantir aux utilisateurs qu'ils demeureront anonymes et ne subiront pas de représailles et vérifier régulièrement leur efficacité. Elles devraient conserver un registre public des réclamations reçues. Les enseignements tirés des mécanismes de réclamation devraient être intégrés à la politique d'entreprise en matière de CRE, aux relations avec les partenaires commerciaux et aux systèmes de suivi.

Les mécanismes de réclamation devraient être complémentaires des mécanismes judiciaires et non judiciaires tels que les Points de contact nationaux, avec lesquels les entreprises devraient également coopérer.

Étape 2. Identifier, évaluer et hiérarchiser les risques associés à la filière

2.1. Cartographier la filière en identifiant les divers acteurs impliqués, y compris, le cas échéant, les noms des fournisseurs et partenaires commerciaux directs et la localisation des activités.

Les informations suivantes peuvent par exemple être demandées aux exploitations agricoles: nom de l'unité de production, adresse et identification du site, coordonnées détaillées du responsable du site, catégorie de produits, quantité produite, date et méthodes de production, nombre de travailleurs par sexe, liste des pratiques de gestion des risques, itinéraires de transport et évaluations des risques effectuées.

Les entreprises, en particulier les entreprises financières et celles qui sont en relation directe avec les consommateurs et sont séparées de la production agricole par plusieurs maillons de la filière, ne sont pas toujours en mesure de recenser l'ensemble de leurs fournisseurs et de leurs partenaires commerciaux. Toutefois, elles devraient systématiquement s'efforcer de dresser un tableau complet de leurs relations d'affaires. L'étendue des informations recueillies auprès des partenaires commerciaux dépend de la gravité des risques et de leur degré d'exposition à ces risques.

2.2. Évaluer les risques d'impacts négatifs en matière environnementale, sociale et de droits de l'homme[74] des activités, processus, biens et services de l'entreprise et de ses partenaires commerciaux tout au long de leur cycle de vie

Ces évaluations devraient identifier l'ensemble des impacts négatifs réels et potentiels dont les entreprises sont à l'origine ou auxquelles elles contribuent, ou qui sont directement liés à leurs activités, produits et services par une relation d'affaires. Elles devraient couvrir les impacts environnementaux, sociaux et sur les droits de l'homme. Ces évaluations sont parfois rendues obligatoires et réglementées par la législation nationale. Leur portée et leur fréquence devraient refléter la gravité des risques et dépendre du niveau de performance des partenaires commerciaux à gérer ces risques. Elles peuvent être publiées mais également utilisées d'une manière plus concrète et prospective afin de traiter certains risques identifiés, de renforcer le dialogue avec les fournisseurs et d'améliorer la performance de ces derniers.

En se fondant sur les standards existants, l'Annexe A (Section 1.3) fournit des détails relatifs aux étapes et aux impacts que ces évaluations devraient inclure. En outre, ces évaluations devraient identifier:[75]

- les détenteurs de droits et acteurs concernés, en particulier les femmes, qui sont susceptibles d'être affectés de manière permanente par les activités de l'entreprise[76]
- tout partenaire commercial qui risque de ne pas exercer dûment son devoir de diligence
- tout « signal d'alerte » tel que décrit dans l'encadré 3.1. Dans de telles situations, une diligence accrue peut s'avérer nécessaire et consister à vérifier sur le terrain les circonstances qualitatives liées à la localisation, aux produits agricoles et aux partenaires commerciaux présentant un risque élevé
- toute incohérence manifeste entre les circonstances factuelles des activités et la politique d'entreprise en matière de CRE.

Encadré 3.1. **Situations dans lesquelles une diligence accrue est nécessaire: Signaux d'alerte**

- Signaux d'alerte concernant les zones d'origine - Les activités sont programmées ou les produits agricoles proviennent de zones:
  - Affectées par des conflits ou considérées comme des zones à haut risque.[1]
  - Considérées comme des zones à faible gouvernance.[2]
  - Dans lesquelles les autorités nationales et locales ne respectent pas les standards internationaux de CRE ou n'appuient pas les entreprises dans le respect de ces standards. Les autorités peuvent alors par exemple proposer des terres agricoles sur lesquelles les communautés locales détiennent des droits fonciers légitimes mais n'ont pas été consultées, ou des terres situées dans des zones protégées.
  - Dans lesquelles des violations des droits de l'homme et des droits du travail ont été rapportées.
  - Dans lesquelles les droits fonciers sont définis de manière imprécise ou contestés;
  - Dans lesquelles les communautés sont touchées par l'insécurité alimentaire et des pénuries d'eau.
  - Affectées par la dégradation de l'environnement ou définies comme des zones protégées.
- Signaux d'alerte concernant les produits
  - Il est notoire que la production des produits agricoles concernés entraîne, dans certaines circonstances, des impacts négatifs environnementaux, sociaux et sur les droits de l'homme.
  - Les produits ne sont pas conformes aux normes de santé et de sécurité sanitaire.
- Signaux d'alerte concernant les partenaires commerciaux
  - Il est notoire que les partenaires commerciaux n'ont pas respecté les standards figurant dans le présent Guide.
  - Il est notoire qu'ils se sont fournis en produits agricoles dans une zone signalée ci-dessus au cours des douze derniers mois.
  - Ils détiennent des actions ou d'autres participations dans des entreprises qui ne respectent pas les standards figurant dans le présent Guide, ou qui interviennent ou se fournissent en produits agricoles dans une zone signalée ci-dessus.

1. Les zones de conflit à haut risque se caractérisent par l'existence d'un conflit armé, d'une violence généralisée ou d'autres risques d'atteinte aux populations. Il existe plusieurs types de conflits armés. Il peut s'agir de conflits internationaux ou non impliquant deux ou plusieurs États ou consistant en des guerres de libération, insurrections, guerres civiles, etc. Les zones à haut risque se caractérisent souvent par l'instabilité politique, la répression, la faiblesse des institutions, l'insécurité, l'effondrement de l'infrastructure civile ou une violence généralisée, mais aussi des atteintes systématiques aux droits de l'homme et des violations du droit national et international (OCDE, 2013).

2. Il peut notamment s'agir de zones de faible performance selon les Indicateurs de gouvernance mondiaux de la Banque mondiale ou l'Indice de perception de la corruption de Transparency International. Il peut aussi s'agir de pays qui ne se sont pas engagés ou n'ont pas encore commencé à appliquer les dispositions de la Convention des Nations Unies contre la corruption.

Plusieurs **types d'évaluations** des risques peuvent permettre de déceler les signaux d'alerte. Les évaluations du contexte permettent de classer les régions et pays d'approvisionnement selon leur niveau de risque – faible, moyen ou élevé – en analysant le cadre réglementaire, le contexte politique, les libertés civiles et les conditions socio-économiques. Les évaluations des sites locaux visent à comprendre les conditions factuelles dans lesquelles opèrent les partenaires commerciaux afin d'évaluer la portée, la gravité et la probabilité des risques sur ces sites. Elles devraient former une partie intégrante du processus de pré-sélection de nouveaux partenaires commerciaux. Dans les contextes à faible risque, les partenaires commerciaux devraient faire l'objet d'une évaluation des risques ordinaire. Dans les contextes où le niveau de risque est moyen ou élevé, tous les partenaires commerciaux devraient faire l'objet d'une analyse des risques approfondie. Ces évaluations peuvent notamment inclure la consultation des parties prenantes, un contrôle par une tierce partie telle une organisation de la société civile et des visites des exploitations agricoles et/ou des installations de transformation.

Pour dresser un tableau exact des risques dans le temps, l'évaluation des risques devrait être un **processus continu** et tenir compte de l'évolution des circonstances. Les situations suivantes devraient déclencher de nouvelles évaluations des risques: approvisionnement sur un nouveau marché; changement du contexte dans lequel opère un partenaire commercial (changement de gouvernement, par exemple); le fournisseur commence à s'approvisionner dans des zones à risque moyen ou élevé; établissement d'une nouvelle relation d'affaires; changement de propriétaire d'un partenaire commercial; développement d'un nouveau produit; changement de modèle économique.

Les évaluations des risques dépendent du **type d'entreprise:**

- Les exploitations agricoles peuvent déployer des équipes d'évaluation sur le terrain chargées de collecter et partager des informations vérifiables, fiables et à jour sur les circonstances qualitatives de la production agricole. Ces exploitations devraient veiller à respecter les détenteurs de droits fonciers légitimes en conduisant notamment des consultations de bonne foi, efficaces et constructives avec les communautés locales. S'il s'agit d'entreprises d'élevage, leurs activités devraient être respectueuses du bien-être animal. Les entreprises concernées devraient communiquer les résultats de leurs évaluations des risques aux entreprises d'aval.
- Les entreprises d'aval devraient non seulement répertorier les risques que présentent leurs propres activités mais aussi faire de leur mieux pour évaluer les risques auxquels s'exposent leurs fournisseurs. Pour ce faire, elles peuvent évaluer la diligence dont font preuve lesdits fournisseurs ou évaluer directement les activités de ces derniers, par exemple en effectuant des visites dans les exploitations. Elles peuvent renforcer ces évaluations en participant à des mécanismes sectoriels d'information et d'évaluation de la conformité des partenaires commerciaux aux standards de CRE.
- Les entreprises financières peuvent avoir jusqu'à plusieurs centaines de milliers de clients. Il n'est alors pas toujours possible de conduire une évaluation des risques pour chacun d'entre eux. Les Principes directeurs de l'OCDE spécifient que toutes les entreprises sont tenues de recenser les domaines dans lesquels les risques d'impacts négatifs sont les plus importants et de prioriser leur devoir de diligence en conséquence. Le champ adéquat du devoir de diligence d'une institution financière dépend de la nature de ses activités, produits et services.[77]

Étape 3. Concevoir et mettre en œuvre une stratégie pour réagir aux risques identifiés

3.1. Communiquer les conclusions de l'évaluation des risques aux cadres dirigeants désignés

3.2. Adopter une stratégie de gestion des risques

Cette stratégie peut inclure les mesures d'atténuation et de prévention des risques suggérées en Annexe A. Elle peut proposer plusieurs scénarios selon que l'entreprise est liée de près ou de loin aux impacts négatifs (voir encadré 1.2 pour plus de détails):

- Si l'entreprise cause des impacts négatifs, elle doit remédier[78] aux impacts réels et prévenir les impacts potentiels. Cela peut impliquer la suspension temporaire de ses activités pendant qu'elle entreprend des efforts quantifiables en vue de prévenir tout impact négatif futur, ou la suspension définitive de ses activités si ces impacts ne peuvent être atténués.
- Si l'entreprise contribue aux impacts négatifs, elle doit interrompre cette contribution et user de son influence pour atténuer les impacts résiduels. Cela peut impliquer la suspension temporaire de ses activités. L'entreprise doit également prendre les mesures préventives nécessaires pour veiller à ce que ces impacts ne se reproduisent pas.
- Si l'entreprise n'a pas contribué aux impacts négatifs mais que ceux-ci sont néanmoins directement liés à ses activités, biens ou services par une relation d'affaires, elle doit user de son influence pour les atténuer ou les prévenir. Cela peut la conduire à se retirer d'un partenariat commercial lorsque les tentatives d'atténuer ces impacts ont échoué ou lorsqu'il n'est pas faisable ou acceptable de les atténuer. Les facteurs pouvant être pris en compte pour déterminer la réponse adéquate comprennent notamment: la gravité des impacts et la probabilité qu'ils surviennent, la capacité de l'entreprise à influencer et/ou à faire pression sur le partenaire commercial et d'autres acteurs concernés (les pouvoirs publics, par exemple), et le degré d'importance que revêt le partenaire commercial pour l'entreprise.

Toutes les catégories d'entreprises sont susceptibles de causer des impacts négatifs, d'y contribuer ou d'y être directement liées. Les exemples qui suivent illustrent de quoi il peut s'agir en pratique:

- *Causer:* les trois catégories d'entreprises – agricoles, d'aval et financières – peuvent directement causer des impacts négatifs. Toutefois, certains de ces impacts ne peuvent être directement causés que par des exploitations agricoles et, dans une moindre mesure, par des entreprises d'aval, comme les impacts sur les droits fonciers et le bien-être animal. Si une évaluation des risques révèle qu'une exploitation agricole enfreint les droits fonciers de détenteurs de titres légitimes, alors elle doit y remédier, par exemple en rendant la terre à ses propriétaires légitimes ou en veillant à ce qu'ils reçoivent rapidement une indemnisation juste.
- *Contribuer:* Lorsqu'un acteur de la grande distribution impose des délais très serrés de livraison des produits agricoles frais ou saisonniers comme les fraises, il peut obliger ses fournisseurs à augmenter subitement leur main d'œuvre pour répondre à la demande et, pour ce faire, à exploiter des travailleurs migrants temporaires de manière abusive. L'enseigne de grande distribution doit alors cesser de contribuer à

cet impact négatif en allégeant par exemple la pression qu'elle exerce sur ses fournisseurs ou en augmentant le prix d'achat pour tenir compte de leurs contraintes de trésorerie.

- *Être directement lié:* Il arrive qu'un fonds de pension investisse dans un fonds d'investissement qui, à son tour, investit dans une exploitation agricole employant des enfants pour les tâches à forte intensité de main-d'œuvre, comme la récolte de la vanille. Ainsi, le fonds de pension est directement lié à un impact négatif sur les droits de l'homme. Il doit user de son influence pour prévenir ou atténuer cet impact, en manifestant par exemple son intention de se retirer du fonds d'investissement s'il n'est pas mis fin au travail des enfants au niveau de l'exploitation agricole.

3.3. Mettre en œuvre la stratégie de gestion des risques, suivre les résultats des mesures d'atténuation des risques et en rendre compte aux cadres dirigeants désignés.

Cela suppose de consulter les acteurs concernés, y compris les travailleurs et leurs représentants ainsi que les partenaires commerciaux, afin de clarifier leurs préoccupations et de convenir d'une stratégie appropriée.

Étape 4. Vérifier le devoir de diligence de la filière

Les entreprises devraient prendre des mesures afin de vérifier que leurs pratiques de diligence portent leurs fruits, c'est-à-dire que les risques ont été correctement répertoriés et atténués ou prévenus. Deux scénarios sont possibles:

1. Si le risque a été atténué ou prévenu, l'entreprise doit continuer à exercer un devoir de diligence proportionné au risque.
2. Si le risque n'a été ni prévenu ni atténué, elle doit déterminer pour quelle raison il en est ainsi, qu'il s'agisse par exemple de l'absence d'une stratégie efficace d'atténuation des risques, d'un moment non propice, de ressources inadaptées ou d'un manque de volonté d'atténuer les risques. Une nouvelle évaluation des risques devrait alors être conduite.

Le processus de vérification doit:

- Garantir une représentation adéquate de la voix des femmes.
- Être proportionné au risque.
- Se traduire par des recommandations visant à améliorer les pratiques de diligence.
- Tenir compte des capacités des différentes entreprises, car de tels processus peuvent être coûteux. Le devoir de diligence peut être évalué au moyen de dispositifs abordables pour les petites entreprises, comme des initiatives locales de responsabilité sociale.[79]

Le processus de vérification peut comprendre des audits, des enquêtes sur site et des consultations avec les pouvoirs publics, la société civile, les membres de la communauté affectée et les organisations de travailleurs aux niveaux local, national et international. L'indépendance et la qualité des audits sont des conditions nécessaires de leur efficacité.[80] Les contrôleurs doivent être indépendants, compétents et fiables. Les entreprises peuvent envisager d'inclure les audits dans un mécanisme institutionnel indépendant chargé d'accréditer les contrôleurs, de vérifier les audits, de publier les rapports d'audit, de mettre en œuvre des modules de développement des capacités des fournisseurs en matière de diligence et d'aider à assurer le suivi des plaintes.

Des processus de vérification complémentaires se renforçant mutuellement, fondés sur des standards communs et conduits aux maillons adéquats de la filière, peuvent réduire la lassitude à l'égard des vérifications et en accroître l'efficacité.[81] Les auditeurs peuvent par exemple prendre acte des conclusions d'audits effectués par des tierces parties indépendantes. Les entreprises peuvent cibler les « goulots d'étranglement », c'est-à-dire les maillons de la filière auxquels un groupe restreint d'opérateurs intervient plutôt que d'évaluer toutes les entreprises impliquées dans la filière. Elles peuvent identifier ces goulots d'étranglement en tenant compte des éléments suivants:

i) Points-clé de la transformation matérielle le long de la filière tels la transformation et l'emballage.

ii) Nombre d'acteurs intervenant à un point donné de la filière: les audits peuvent cibler les maillons de la filière auxquels peu d'acteurs interviennent ou bien auxquels la plupart des produits agro-alimentaires sont agrégés.

iii) Principaux points d'influence des entreprises d'aval.

iv) Points auxquels des mécanismes et programmes d'audit existent déjà pour influencer ces mécanismes et éviter tout doublon.

Ainsi, la Bourse de marchandises d'Éthiopie peut constituer un goulot d'étranglement dans la filière café de ce pays, car un nombre limité de courtiers y vendent le café produit par de nombreux petits producteurs (cas ii. ci-dessus). Dans les filières café plus fragmentées, les goulots d'étranglement peuvent être situés au niveau des usines de transformation, des grossistes ou des exportateurs. Le ciblage de ces goulots d'étranglement ne doit pas se substituer à l'exercice d'une diligence approfondie dans l'ensemble de la filière.

Étape 5. Rendre compte de l'exercice du devoir de diligence

Les entreprises devraient rendre compte de leurs politiques et pratiques de diligence dans la filière, en tenant dûment compte de la confidentialité commerciale et d'autres considérations de concurrence. Elles devraient en temps opportun fournir aux acteurs concernés et à leurs partenaires commerciaux des informations claires et exactes concernant les impacts négatifs réels et potentiels qui ont été identifiés dans les évaluations d'impact ainsi que les mesures et dispositions prises pour les atténuer ou les prévenir. Leurs rapports peuvent contenir des informations sur leurs systèmes de gestion ou des données de leurs rapports de vérification de leurs pratiques de diligence. Une fois publiés, ces rapports devraient être accessibles à toutes les parties prenantes concernées.

Au-delà des rapports publics et formels, la communication peut se faire de diverses façons, telles que des entretiens personnels, des dialogues en ligne et des consultations avec les acteurs concernés. La communication doit être adaptée aux impacts et au public ciblé en termes de forme, de fréquence, d'accessibilité et de pertinence des informations fournies.

Notes

1. La définition que donne la Constitution de l'Organisation des Nations Unies pour l'alimentation et l'agriculture (FAO) de l'agriculture englobe les pêches et la forêt, mais le présent Guide traite principalement des cultures et de l'élevage.

2. Conduite responsable des entreprises (CRE) signifie que les entreprises doivent: a) éviter d'avoir, par leurs propres activités, des impacts préjudiciables et remédier à ces impacts lorsqu'ils se produisent; et prévenir ou atténuer les impacts négatifs directement liés à leurs activités, leurs produits et leurs services du fait de l'existence d'une relation d'affaires; et b) contribuer au progrès économique, environnemental et social pour parvenir à un développement durable.

3. Les standards évoqués tout au long de ce Guide font référence aux recommandations formulées dans divers types d'instruments tels des conventions, déclarations, principes et directives.

4. Comme le souligne le rapport 2015 du Forum économique mondial intitulé *'Beyond supply chains - Empowering responsible value chains'*, le respect des standards de CRE peut bénéficier aux entreprises car les dynamiques de marché actuelles accroissent l'importance des efforts en matière de développement durable. Les clients sont de plus en plus sensibles à cette question. Les consommateurs les plus jeunes, en particulier, exigent des produits et des pratiques durables et paieront davantage pour les obtenir. Les ressources naturelles de plus en plus rares et la hausse des prix des matières premières font de l'efficience en matière de ressources et de la réduction des déchets des facteurs cruciaux pour que les entreprises demeurent rentables. Le contexte réglementaire et les organisations non gouvernementales poussent dans le sens d'une plus grande transparence, ce qui se traduit par la hausse du coût de la non-conformité et peut produire des répercussions négatives issues du marché.

5. Voir la définition du devoir de diligence ci-dessous pour une définition de la « relation d'affaires ».

6. Voir la section consacrée aux « utilisateurs ciblés » pour une description plus détaillée.

7. Des ressources additionnelles sont disponibles à: *http://mneguidelines.oecd.org/rbc-agriculture-supply-chains.htm* et *www.fao.org/economic/est/issues/investment/en*.

8. Voir la sous-section « Processus » pour plus de détails sur la composition et le rôle du Groupe consultatif dans l'élaboration de ce Guide.

9. Des informations supplémentaires sont disponibles à l'adresse suivante: *http://mneguidelines.oecd.org/rbc-agriculture-supply-chains.htm*.

10. Si les Principes directeurs de l'OCDE ne proposent pas une définition précise des entreprises multinationales, ils indiquent néanmoins qu'il s'agit généralement d'entreprises ou d'autres entités établies dans plusieurs pays (Principes directeurs de

l'OCDE, I.4). Les Principes CSA-IRA visent les « entreprises commerciales, y compris les agriculteurs » (par. 50-52).

11. Les termes de référence du Groupe consultatif multi-acteurs qui définissent ses objectifs, ses missions et sa structure organisationnelle ont été approuvés par le Groupe de travail de l'OCDE sur la conduite responsable des entreprises le 28 juin 2013 et par le Groupe de travail de l'OCDE sur les politiques et les marchés agricoles fin juillet 2013.

12. Pour des exemples précis, voir: Botswana agrifood value chain project: Beef value chain study [Projet sur la chaîne de valeur de l'agro-industrie au Botswana: étude sur la chaîne de valeur de la viande bovine] conduite par la FAO en 2013; A farm gate-to-consumer value chain analysis of Kenya's maize marketing system [Une analyse de la chaîne de valeur de la ferme au consommateur dans le système de commercialisation du maïs au Kenya] conduite par la Michigan State University en 2011; Value chain analysis of the cashew sector in Ghana [Analyse de la chaîne de valeur dans le secteur de la noix de cajou au Ghana] conduite par la GIZ en 2010; ou encore Rwanda's essential oils value chains: A diagnostic [Un diagnostic sur la chaîne de valeur des huiles essentielles au Rwanda] effectué par l'ONUDI en 2012.

13. L'agriculture sous contrat suppose que la production est effectuée sur la base d'un accord entre l'acheteur et le producteur. Elle couvre une grande variété de contrats et diffère selon les types de contractants et de produits, l'intensité de la coordination entre les exploitants et les investisseurs, et le nombre de parties prenantes. Pour plus d'informations, voir: *www.fao.org/ag/ags/contract-farming/faq/fr/#c100440*.

14. Pour plus de détails, voir le Guide OCDE sur le devoir de diligence pour des chaînes d'approvisionnement responsables en minerais provenant de zones de conflit ou à haut risque, 2011.

15. À partir des Principes directeurs de l'OCDE, II.15.

16. Principes directeurs de l'OCDE, II.A.10.

17. Principes directeurs de l'OCDE, II.16.

18. Ces programmes comprennent entre autres: les Principes et critères pour la production durable d'huile de palme qui certifient les producteurs, transformateurs et courtiers d'huile de palme, ainsi que les fabricants, vendeurs, banques et investisseurs impliqués dans les filières d'huile de palme; les normes de durabilité de la Table ronde pour des biocarburants durables qui certifient les opérateurs du secteur des biocarburants; les Principes et critères pour une production de soja responsable qui certifient les producteurs de soja et leurs groupements; Better Sugar Cane Initiative (Bonsucro) Standards pour les producteurs de canne à sucre; et Principles for Responsible Investment in Farmland for institutional asset owners and managers [Principes pour des investissements responsables dans les terres agricoles concernant les détenteurs et gestionnaires d'actif]. Les plateformes de suivi telles que Sedex peuvent également contribuer à contrôler la performance des fournisseurs.

19. Une Recommandation de l'OCDE relative au Guide sur le devoir de diligence pour des chaînes d'approvisionnement responsables en minerais provenant de zones de conflit ou à haut risque a été adoptée lors de la réunion du Conseil au niveau ministériel du 25 mai 2011 puis modifiée le 17 juillet 2012 pour inclure une référence au Supplément sur l'Or.

20. Le modèle de politique d'entreprise ne vise pas à se substituer aux standards existants. Les entreprises doivent se référer directement à chacun de ces standards avant d'affirmer qu'elles les respectent. Les références aux standards cités dans ce document sont indiquées après le dernier élément mentionné, et non après chacun des éléments cités. Elles sont destinées à aider les entreprises à se reporter au texte original des normes mentionnées dans ce Guide pour obtenir davantage d'informations sur leur contenu.

21. Principes directeurs de l'OCDE, II.10 et VI.3; Principe CSA-IRA 10; DVGR 12.10; Principes directeurs des Nations Unies, par. 17; CBD, Article 14; Lignes directrices Akwé: Kon; Norme de performance 1 du SFI, par. 5 et 8-10.

22. Principes directeurs de l'OCDE, III.1-3, VI.2.a & VIII.2; Principes CSA-IRA 9.ii et 10; Principes directeurs des Nations Unies, par. 21; Norme de performance 1 du SFI, par. 29; Convention d'Aarhus, Article 5. Voir Annexe A, 1.1 et 1.3 ci-dessous. Des conseils spécifiques sur l'information matérielle à partager avec les acteurs affectés sont disponibles dans le Guide de l'OCDE sur le devoir de diligence pour un engagement constructif des parties prenantes dans le secteur extractif.

23. Principes directeurs de l'OCDE, VIII.2.

24. Principes directeurs de l'OCDE, II.14 & VI.2.b; Principe CSA-IRA 9.iii-iv; DVGR, 9.9 et 12.11; Principes directeurs des Nations Unies, par. 18; PRAI 1 et 4; Lignes directrices Akwé: Kon, 11, 13-17 et 57; Norme de performance SFI 1, par. 26-27 et 30-33. Voir également la Convention n°169 de l'OIT relative aux peuples indigènes et tribaux. Voir également l'Annexe A, 1.2. Des conseils supplémentaires sur l'implication des parties prenantes figurent dans le Guide de l'OCDE sur le devoir de diligence pour un engagement constructif des parties prenantes dans le secteur extractif.

25. Voir l'Annexe B pour un éclairage supplémentaire sur l'engagement des peuples autochtones et le consentement préalable donné librement et en connaissance de cause (CPLCC).

26. Comme il est indiqué dans l'introduction, ce Guide, fruit d'un effort conjoint de l'OCDE et la FAO, tient compte de plusieurs standards autres que les Principes directeurs de l'OCDE, en particulier les Principes CSA-IRA qui comprennent des références au CPLCC qui ne se trouvent pas dans les Principes directeurs de l'OCDE. Ce paragraphe cite le Principe CSA-IRA 9.iv. Voir également: Norme de performance SFI 7, par. 12-17; Lignes directrices Akwé: Kon, 29 et 60; DVGR, 3B.6, 9.9 et 12.7; Déclaration des Nations Unies sur les droits des peuples autochtones, Articles 10, 11 et 32; et Convention n°169 de l'OIT relative aux peuples indigènes et tribaux, Article 16.

27. Principes directeurs de l'OCDE, II.A.1; Principe CSA-IRA 2.iv, v et vii; DVGR, 12.4; Lignes directrices Akwé: Kon, 40.

28. Principes CSA-IRA 2.iv-vii et 7.i & iii; DVGR, 12.6; PRAI 5-6; Lignes directrices Akwé: Kon, 46; Norme de performance SFI 7, par. 14 et 17-20 et Norme 8, par. 16. Voir également: CDB, Article 8(j) ; Protocole de Nagoya, Articles 5-7 ; ITPGR, Article 9.2. Les bénéfices peuvent être monétaires ou non monétaires: voir Annexe au Protocole de Nagoya. Voir également l'Annexe A, 1.4 pour plus de détails.

29. Principes directeurs de l'OCDE, IV, par. 46 et VIII.3; Principe CSA-IRA 9.v; DVGR, 3.2, 12.14, 25.1 & 25.3; Principes directeurs des Nations Unies, 31; PRAI 1; Lignes

directrices Akwé: Kon, 63; Déclaration EMN de l'OIT, 58-59; Norme de performance SFI 1, par. 35 et 5, par. 11. Voir également l'Annexe A, 1.5. Le Guide de l'OCDE sur le devoir de diligence pour un engagement constructif des parties prenantes dans le secteur extractif donne des directives supplémentaires concernant les mécanismes de réclamation.

30. Principe CSA-IRA 3; Convention sur l'élimination de toutes les formes de discrimination à l'égard des femmes (CEDAW).

31. Pour plus de détails sur les droits de l'homme internationalement reconnus, voir les Principes directeurs de l'OCDE, VI.39.

32. Principes directeurs de l'OCDE, II.A.2 et IV; Principes CSA-IRA 1, 9.iv et 10 et par. 3, 19i, 47v, 50 et 51; Principes directeurs des Nations Unies, par. 11. Voir Annexe A, 2.

33. Principes directeurs de l'OCDE, IV.1 et 2.

34. Principes directeurs de l'OCDE, IV.3; DVGR, 3.2; PRAI 1; Lignes directrices Akwe: Kon, 57; Pacte mondial des Nations Unies, Principes 1-2.

35. Principes directeurs de l'OCDE, IV.5; Principes directeurs des Nations Unies, 17.

36. Principes directeurs de l'OCDE, IV.6; Principes directeurs des Nations Unies, 22.

37. Déclaration universelle des droits de l'homme, Article 2; Principes CSA-IRA 3.ii. Comme le souligne l'Annexe A, les Principes directeurs de l'OCDE (V.1.e) précisent que les entreprises devraient « s'inspirer, dans leurs activités, du principe de l'égalité des chances et de traitement dans le travail, et ne pas pratiquer de discrimination envers leurs travailleurs en matière d'emploi ou de profession pour des motifs tels que la race, la couleur, le sexe, la religion, l'opinion politique, l'ascendance nationale ou l'origine sociale, ou toute autre circonstance'. Le Commentaire 54 précise que le terme « autre circonstance » aux fins des Principes directeurs recouvre l'activité syndicale et des caractéristiques personnelles comme l'âge, l'invalidité, la grossesse, la situation de famille, l'orientation sexuelle et la sérologie VIH.

38. Principes directeurs de l'OCDE, V.1-3; Principe CSA-IRA 2.i-ii; Déclaration EMN de l'OIT, par. 8; Principes directeurs des Nations Unies, 12; Norme de performance SFI 2; Principes régissant les entreprises dans le domaine des droits de l'enfant, Principe 2. Tous les membres de l'OIT sont tenus de respecter ces normes essentielles du travail qui constituent les quatre principes fondamentaux de la Déclaration de l'OIT relative aux principes et droits fondamentaux au travail, quelles que soient les conventions de l'OIT qu'ils ont ratifiées.

39. Principes directeurs de l'OCDE, V.4.b et V.4.c; Principe CSA-IRA 2.iii; Déclaration EMN de l'OIT 37-40; Norme de performance SFI 2, par. 10, 23, 25, 28-29; Principes régissant les entreprises dans le domaine des droits de l'enfant, Principes 3 et 4.

40. Déclaration EMN de l'OIT, 16 et 25-28. Pour plus de détails, voir Annexe A, 3 sur les conditions de travail décentes.

41. Recommandation No. 198 de l'OIT, Article 7.a; Norme de performance SFI 2, par. 11.

42. Principe CSA-IRA 3.iv.

43. Déclaration universelle des droits de l'homme, Article 23.

44. Principes directeurs de l'OCDE, II. A.4; Déclaration EMN de l'OIT, par. 16 et 19; Principe CSA-IRA 2.iii.

45. Principes CSA-IRA 2,iii et 4.ii; Déclaration EMN de l'OIT 30-32.

46. Convention n°183 de l'OIT sur la protection de la maternité, 2000; Convention sur l'élimination de toutes les formes de discrimination à l'égard des femmes, article 11 (2).

47. Principe CSA-IRA 8.iv.

48. Principes directeurs de l'OCDE, VIII.1, 6-7; Principes CSA-IRA 2.viii et 8.i, iii et iv; PRAI 5.2.1.

49. Lignes directrices Akwé: Kon, 50; Norme de performance SFI 4.

50. Principes CSA-IRA 1 et 8.i; DVGR 12.1, 12.4 et 12.12; PRAI 2.2. Voir Annexe A, 5. Les quatre éléments de la sécurité alimentaire, à savoir la disponibilité, l'accès, la stabilité et l'utilisation des aliments, sont reflétés dans le Plan d'action du Sommet mondial de l'alimentation de 1996 adopté par 112 chefs ou vice-chefs d'État et de gouvernement qui ont pris les engagements suivants: « *Nous mettrons en œuvre des politiques visant à éradiquer la pauvreté et l'inégalité et à améliorer l'accès physique et économique de tous, à tout moment, à une alimentation suffisante, adéquate du point de vue nutritionnel et sanitaire, et son utilisation efficace; et nous poursuivrons des politiques et méthodes participatives et durables de développement alimentaire, agricole, halieutique, forestier et rural dans les régions à potentiel élevé comme dans celles à faible potentiel, qui sont essentielles pour assurer des approvisionnements alimentaires adéquats et fiables au niveau des ménages ainsi qu'aux niveaux national, régional et mondial.* »

51. La DVGR 4.4 définit les droits fonciers légitimes comme suit: « *Conformément aux principes de consultation et de participation énoncés dans les présentes Directives, les États devraient définir, au moyen de règles largement diffusées, les catégories de droits qu'ils considèrent comme légitimes.* »

52. DVGR, 2.4, 3.2, 9.1, 11.4 et 12.3; Principes CSA-IRA 5 et 9.ii et par. 51; Principes pour des contrats responsables annexés aux Principes directeurs des Nations Unies et approuvés par le Conseil des droits de l'homme, Principe 10.

53. DVGR, 9.1, 12.4, 16.1 et 16.3; Norme de performance SFI 5, par. 2 et 8 et Norme 7, par. 15; Principes régissant les entreprises dans le domaine des droits de l'enfant, Principe 7. On considère que l'expression « *indemnisation prompte, adéquate et efficace* » recouvre les exigences imposées par le droit international en matière d'indemnisation afin de procéder à une expropriation licite. Voir Annexe A, 6 ci-dessous. Notons que les standards mentionnés dans ce Guide sont en accord avec les engagements de tolérance zéro en matière de déplacements de détenteurs de droits fonciers légitimes qu'ont récemment pris les grandes entreprises agro-alimentaires.

54. DVGR, 16.1 et 16.3; PRAI 6.2.1; Norme de performance SFI 5, par. 9-10, 12, 19, 27-28, et Norme 7, par. 9 et 14. Selon la Norme de performance SFI 7, par. 14, l'indemnisation foncière doit être si possible préférée à l'indemnisation monétaire et l'accès continu aux ressources naturelles doit être maintenu, ou des ressources équivalentes de remplacement doivent être identifiées. En dernier recours, une indemnisation monétaire doit être accordée et de nouveaux moyens de subsistance doivent être trouvés.

55. Principe CSA-IRA 8.ii. Voir Annexe A, 7.

56. Principes fondamentaux élaborés par l'Organisation mondiale de la santé animale (OIE). Pour plus d'informations, voir les cinq libertés du Farm Animal Welfare Council: www.fawc.org.uk/freedoms.htm.

57. Réglementations anglaises 2000 (S.I. 2000 No. 1870) et Réglementation 3(1) sur le bien-être des animaux d'élevage.

58. Principes directeurs de l'OCDE VI.1; Principe CSA-IRA 10; DVGR 4.3, 11.2, 12.6 et 12.10; PRAI 7; Norme de performance SFI 1.1.

59. On trouvera une liste des substances toxiques dans: la liste de l'Organisation mondiale de la santé (OMS) des produits agrochimiques dangereux; la classification recommandée par l'OMS des pesticides par classe de danger Ia (extrêmement dangereux) ou Ib (très dangereux); la Convention de Stockholm sur les polluants organiques persistants (POP) de 2004; la Convention de Rotterdam sur la procédure de consentement préalable en connaissance de cause applicable à certains produits chimiques et pesticides dangereux qui font l'objet d'un commerce international de 2004; la Convention de Bâle sur le contrôle des mouvements transfrontaliers de déchets dangereux et de leur élimination de 1992; le Protocole de Montréal relatif à des substances qui appauvrissent la couche d'ozone de 1999; et la liste 'Substitute It Now' (SIN) (« Remplacez le maintenant ») pour les pesticides.

60. Bien que la plupart des instruments approuvés au terme d'un processus intergouvernemental fassent référence à « l'efficience de l'utilisation des ressources », le paragraphe 9 sur la consommation d'eau de la Norme de performance SFI 3 va plus loin en exigeant des entreprises qu'elles adoptent « des mesures permettant d'éviter ou de réduire l'utilisation de l'eau ».

61. La Norme de performance SFI 6, par. 20, définit les zones légalement protégées d'après la définition de l'Union internationale pour la conservation de la nature *(UICN)*: 'Un espace géographique clairement défini, reconnu, consacré et géré, par tout moyen efficace, juridique ou autre, pour permettre la conservation à long terme de la nature ainsi que des services écosystémiques et les valeurs culturelles qui lui sont associés.' Cela englobe les zones proposées par les États comme telles.

62. Principes directeurs de l'OCDE, VI.6; Principes CSA-IRA 1.i et 6; PRAI 7; Norme de performance SFI 3 et 6; CDB ; Convention sur le commerce international des espèces sauvages de faune et de flore menacées d'extinction CITES de 1975. Voir également Annexe A, 8.

63. Principes directeurs de l'OCDE II.A.5 & 7, II.A.15, et VII; Principe CSA-IRA 9.i; DVGR, 6.9, 9.12 & 16.6; Pacte mondial des Nations Unies, Principe 10. Voir Annexe A, 9.1. De plus, les Normes internationales sur la lutte contre le blanchiment de capitaux et le financement du terrorisme et de la prolifération élaborées par le Groupe d'action financière et approuvées par 180 pays en 2003 concernent les institutions financières. Les mesures préventives, y compris l'exercice du devoir de diligence envers les clients et la conservation de registres, sont particulièrement utiles pour lutter contre la corruption.

64. Principes directeurs de l'OCDE, XI.1-2. Voir Annexe A, 9.2.

65. Principes directeurs de l'OCDE, X.2-3. Voir Annexe A, 9.3.

66. Les Principes de gouvernance d'entreprise du G20 et de l'OCDE sont la référence au niveau international en matière de gouvernance d'entreprise pour les responsables de l'action publique, les investisseurs, les sociétés et autres acteurs à travers le monde. Ils ont été adoptés comme l'une des normes fondamentales pour la solidité des systèmes financiers du Conseil de stabilité financière, et ont été utilisés par le Groupe Banque mondiale lors de l'examen de plus de 60 pays. Ils servent de base aux principes de gouvernance d'entreprise à l'intention des banques publiées par le Comité de Bâle sur le contrôle bancaire. *www.oecd.org/corporate/principles-corporate-governance.htm.*

67. Principes directeurs de l'OCDE, IX; Principe CSA-IRA 7, iv; Déclaration EMN de l'OIT, 19; CDB, Article 16; Pacte mondial des Nations Unies, Principe 9.

68. Norme de performance SFI 6, par. 26.

69. Principes directeurs de l'OCDE, IV, Commentaire 44; Principes directeurs des Nations Unies, par. 16.

70. La Commission du Codex Alimentarius définit la traçabilité comme la capacité de suivre le mouvement d'un aliment à travers des stades spécifiques de la production, la transformation et la distribution.

71. *La traçabilité de l'équilibre de masse* contrôle le volume exact de matériaux estimés et certifiés qui entrent dans la chaîne d'approvisionnement. Un volume équivalent de produits quittant la chaîne d'approvisionnement peut être vendu et certifié. Les éléments certifiés et non certifiés peuvent être mélangés. La *traçabilité de la ségrégation physique* identifie et suit les matériaux et produits certifiés au fil de la chaîne d'approvisionnement. La *chaîne de contrôle* fait référence à la documentation chronologique sur papier qui montre la saisie, le contrôle, le transfert, l'analyse et le traitement d'un produit physique.

72. On trouvera plus d'informations sur ce point à l'Annexe A, 1.3.

73. Pour plus d'informations, voir: Annexe A, 1.5; SFI (2009), *Addressing grievances from project-affected communities - Guide for projects and companies designing grievance mechanisms,* Good Practice Note n° 7, Société financière internationale, Washington DC; et le Guide de l'OCDE sur le devoir de diligence pour un engagement constructif des parties prenantes dans le secteur extractif.

74. Comme le présente en détail le guide de l'International Institute for Sustainable Development [Institut international du développement durable] pour négocier des contrats d'investissement (IISD, 2014), la conduite d'études d'impact environnemental (EIE) est une pratique désormais fermement établie dans une vaste gamme de secteurs économiques. Au milieu des années 1990, les deux tiers environ des quelque 110 pays en développement avaient adopté une législation relative aux EIE sous une forme ou une autre. Les évaluations d'impact social sont moins courantes mais font de plus en plus souvent partie du processus et de la pratique des EIE. Des principes globalement reconnus concernant les évaluations d'impact social font encore défaut, mais l'Association internationale pour les études d'impact environnemental a publié un ensemble cohérent de directives. D'autres variantes sont possibles: les évaluations de durabilité qui intègrent des perspectives sociales, économiques et environnementales ou encore des évaluations d'impact cumulé. La pratique consistant à conduire des EIE parallèlement aux évaluations d'impact social est croissante. Les évaluations d'impact peuvent également couvrir les impacts sur le bien-être animal.

75. Les outils d'analyse des risques tels ceux mis au point par le Fonds mondial pour la nature (WWF) peuvent aider à déceler les risques. Ils comprennent notamment l'outil d'analyse des risques d'approvisionnement (*www.supplyrisk.org*) et le filtre à risques sur l'eau (*http://waterriskfilter.panda.org*).

76. On trouvera plus d'informations à l'Annexe A, 2 et 6.

77. Par exemple, le fait qu'un service financier soit utilisé pour acquérir, financer ou soutenir la *performance générale* du client (crédit ou financement global d'une entreprise, par exemple) ou seulement sa *performance spécifique* (financement de projet) peut influencer la portée du devoir de diligence recommandé par les Principes directeurs de l'OCDE. Dans le premier cas, l'institution financière sera sans doute tenue de remédier à tous les impacts négatifs associés aux activités de son client. Dans le second cas, elle peut n'avoir à remédier qu'aux impacts des activités qu'elle finance ou soutient.

78. Selon le Haut-Commissariat des Nations Unies aux droits de l'homme dans *The Corporate Responsibility to Respect Human Rights, An Interpretive Guide,* la réparation des dommages n'inclut pas seulement le processus consistant à remédier à l'impact négatif mais englobe aussi les résultats substantiels permettant de contrebalancer, ou de rendre positif, cet impact. Ces résultats peuvent prendre diverses formes telles des excuses, une restitution, un redressement, des indemnités financières ou non-financières et des sanctions (pénales ou administratives, telles des amendes) ainsi que la prévention des pratiques abusives au moyen notamment d'injonctions ou de garanties de non-répétition.

79. Le programme de la Sustainability Initiative of South Africa [Initiative sud-africaine pour le développement durable] (SIZA) fournit un bon exemple de programme local de responsabilité sociale. Ce programme de commerce équitable a été mis au point par l'engagement des cultivateurs locaux. Il a permis de créer un ensemble unifié de normes pour les producteurs de fruits d'Afrique du Sud à partir des lois nationales, des conventions de l'OIT, ainsi que du code et du processus et de la méthode d'audit du Global Social Compliance Programme [Programme mondial de respect des normes sociales]. Les principaux revendeurs travaillent avec les organisations locales afin de renforcer les capacités de ces derniers. En autonomisant ses partenaires locaux, les revendeurs cherchent à s'assurer que leurs investissements dans la performance sociale de la filière agricole sud-africaine sont durables.

80. Suite à la catastrophe du Rana Plaza, le PCN français a souligné l'importance d'audits indépendants et de qualité dans le rapport suivant: Rapport du PCN sur la mise en œuvre des Principes directeurs de l'OCDE dans la filière textile-habillement, suite à une demande de Nicole Bricq, Ministre du commerce extérieur, Recommandation #6, pp. 57-58, 2 décembre 2013, disponible à l'adresse suivante: *www.tresor.economie.gouv.fr/File/398811*.

81. Par exemple, SGS a mis au point un Global Social Compliance Programme [Programme mondial de respect des normes sociales] pour réduire la lassitude suscitée par les audits.

Références

FAO (2014), *Ouvrir l'agriculture familiale à l'innovation,* La situation mondiale de l'alimentation et de l'agriculture, Organisation des Nations Unies pour l'alimentation et l'agriculture, Rome.

FAO (2012), *Investir dans l'agriculture pour un avenir meilleur,* La situation mondiale de l'alimentation et de l'agriculture, Organisation des Nations Unies pour l'alimentation et l'agriculture, Rome.

IISD (2014), Guide de l'IISD pour la négociation de contrats d'investissement pour les terres arables et l'eau, International Institute for Sustainable Development [Institut international du développement durable], Manitoba.

OCDE/FAO (2015), *Perspectives agricoles de l'OCDE et de la FAO 2015*, Éditions OCDE, Paris, *http://dx.doi.org/10.1787/agr_outlook-2015-fr*.

OCDE (2014), *Due Diligence in the Financial Sector: Adverse Impacts Directly Linked to Operations, Products or Services by a Business Relationship,* *http://mneguidelines.oecd.org/global-forum/GFRBC-2014-financial-sector-document-1.pdf*.

OCDE (2013), Guide OCDE sur le devoir de diligence pour des chaînes d'approvisionnement responsables en minerais provenant de zones de conflit ou à haut risque, Deuxième édition, Éditions OCDE, Paris, *http://dx.doi.org/10.1787/9789264185067-fr.*

Annexe A

Mesures d'atténuation et de prévention des risques dans les filières agricoles

La présente annexe répertorie les risques d'impacts négatifs survenant dans les filières agricoles et propose des mesures permettant de les atténuer et de les prévenir, en s'inspirant des mêmes standards que le modèle de politique d'entreprise. Les mesures proposées peuvent se renforcer mutuellement. Par exemple, respecter le droit du travail, y compris en accordant des conditions de travail et des salaires décents, peut favoriser l'accès à une alimentation adéquate et aider à atteindre les standards de santé physique et mentale les plus élevés possible. La mise en œuvre des mesures proposées doit être adaptée à la position et la nature de l'implication de chaque entreprise dans la filière, aux conditions et à la localisation de ses activités ainsi qu'à sa taille et ses capacités.

1. Standards transversaux de CRE

1.1 Publication d'informations

Risques

Un manque de transparence crée de la méfiance et prive les entreprises de la possibilité de résoudre des problèmes mineurs avant qu'ils ne dégénèrent en conflits importants, tandis que le partage du maximum d'informations peut réduire les coûts de transaction pour toutes les parties prenantes (FAO, 2010). Si les informations ne sont pas communiquées à temps et de manière quantifiable, vérifiable et adaptée à la langue et la culture, y compris à travers des réunions de consultation régulière et des médias généralistes, les entreprises risquent de ne pas être pleinement comprises par les acteurs potentiellement affectés ou de ne pas tous les atteindre (SFI, 2012). En l'absence de lois claires et applicables sur la transparence et la publication d'informations, une diligence accrue est nécessaire (OCDE, 2006).

Mesures d'atténuation des risques

- Sans mettre en péril la compétitivité et les obligations dues aux propriétaires bénéficiaires de l'entreprise, **fournir** des **informations exactes et en temps opportun** au public concernant:
  - l'objet, la nature et l'échelle des activités
  - les accords et/ou contrats de location et leurs termes
  - les activités, la structure, les propriétaires et la gouvernance de l'entreprise
  - la situation et la performance financières de l'entreprise

- les mesures de CRE et leur mise en œuvre, y compris le processus d'engagement des différents acteurs et les mécanismes de réclamation et de réparation
- les évaluations d'impact environnemental, social et sur les droits de l'homme (EIESDH), en incluant les risques liés aux activités de l'entreprise tels les impacts environnementaux, sociaux, sur les droits de l'homme, la santé et la sécurité sur divers acteurs ainsi que sur des sites sacrés ou des terres et des eaux traditionnellement utilisés ou occupés par des peuples autochtones et des communautés locales
- les plans de gestion environnementale, sociale et des droits de l'homme ainsi que les caractéristiques des produits.[1]

- **Diffuser des informations** par tous les moyens adéquats (presse écrite, médias électroniques et sociaux, notamment les journaux, la radio, la télévision, les lettres d'information, les réunions locales, etc.), en tenant compte du niveau d'alphabétisation et de l'état d'enclavement ou d'éloignement des communautés et en s'assurant que ces informations sont transmises et les consultations sont conduites dans les langues des communautés concernées.[2]
- En cas de menace imminente sur la santé humaine ou sur l'environnement, **partager immédiatement** et sans délai toutes les informations pouvant permettre aux autorités et au public de prendre les mesures nécessaires pour prévenir ou atténuer les dommages liés à la menace en question.[3]
- **Adapter les mesures de publication d'informations** à la nature, la taille et la localisation des activités, en tenant compte du coût, de la confidentialité commerciale et d'autres considérations liées à la concurrence.[4]

1.2 Consultations

Risques

L'absence de consultations avec les acteurs susceptibles d'être affectés par les activités empêche les entreprises d'évaluer de manière réaliste la viabilité de leurs projets et d'identifier des mesures efficaces et adaptées au contexte local. La conduite de consultations inclusives et totalement transparentes permet de diminuer les coûts de transaction, de réduire l'opposition et de créer la confiance parmi les acteurs concernés.

Mesures d'atténuation des risques

- Élaborer et mettre en œuvre un **plan d'engagement des parties prenantes** adapté aux risques, aux impacts et au stade de développement du projet ainsi qu'aux caractéristiques et aux intérêts des communautés affectées. Le plan doit si possible comprendre des mesures différenciées afin d'assurer la participation effective de personnes ou de groupes considérés comme étant défavorisés ou vulnérables.[5]
- Tenir à un stade précoce et en continu des **consultations** de bonne foi, efficaces et constructives avec les communautés potentiellement affectées, en tenant dûment compte des standards internationaux cités en Annexe B. Ces consultations devraient également être organisées en cas de modification du projet.[6]

- Organiser les processus de consultation et de décision **sans intimidation** et dans un climat de confiance avant de prendre les décisions, et répondre aux contributions apportées par ces consultations en tenant compte du déséquilibre des rapports de force entre les parties.[7]
- Le cas échéant, s'efforcer de fournir aux communautés affectées une **assistance technique et juridique** afin qu'elles puissent participer au développement du projet sans être discriminées, et fournir cette assistance en partenariat avec les institutions représentant ces communautés et en coopérant avec ces communautés.
- **Tenir dûment et pleinement compte** des points de vue exprimés au cours des consultations, prévoir suffisamment de temps entre le moment où les communautés affectées sont notifiées des opérations proposées et la consultation publique sur ces opérations afin de leur permettre de préparer leur réponse, et les tenir informées de la manière dont leurs préoccupations ont été prises en compte.[8]
- **Documenter et mettre en œuvre les accords résultant des consultations**, notamment en élaborant un processus visant à dûment recueillir les points de vue et préoccupations des communautés concernées. On pourra préférer des déclarations écrites, mais les points de vue des membres de ces communautés peuvent également être enregistrés, filmés ou documentés de toute autre manière adéquate, à condition que les communautés concernées aient donné leur accord.[9]
- Dans la mesure du possible, vérifier que les **représentants des communautés** expriment réellement les opinions des parties prenantes qu'ils représentent et qu'il est possible de compter sur eux pour communiquer scrupuleusement les résultats des consultations aux membres de leurs communautés.
- Au cours des **évaluations d'impact**, établir des mécanismes permettant aux communautés, notamment les groupes vulnérables, de participer à la conception et la conduite de ces évaluations, identifier les acteurs chargés des questions de responsabilité, de réparation, d'assurance et d'indemnisation, et mettre en place un mécanisme de revue et de recours.[10]

1.3 Évaluation d'impact

Risques

Les entreprises peuvent éviter ou, lorsqu'ils sont inévitables, atténuer les impacts négatifs réels et potentiels de leurs activités, processus, biens et services en évaluant les risques liés à ces impacts tout au long de leur cycle de vie et en continu. De telles évaluations peuvent leur permettre d'élaborer une approche globale et prospective de gestion des risques, y compris les risques liés aux activités de leurs partenaires commerciaux.[11]

Mesures d'atténuation des risques

- Inclure les **étapes suivantes** dans l'évaluation d'impact:
    1. Filtrage, c'est-à-dire déterminer les projets devant faire l'objet d'une évaluation d'impact, afin d'exclure ceux étant peu susceptibles de générer des impacts négatifs et pour définir le niveau d'évaluation requis.

2. Cadrage, c'est-à-dire définir le champ de l'évaluation d'impact et les principales questions à étudier.
3. Analyse d'impact.
4. Identification des mesures d'atténuation, y compris, si nécessaire selon les circonstances: arrêt des activités, solutions alternatives pour éviter tout impact négatif, intégration de garde-fous dans la conception du projet, ou compensations monétaires et/ou non monétaires pour les impacts négatifs subis.

- Dûment couvrir les **impacts probables** suivants (il peut être opportun de couvrir non seulement les impacts négatifs mais aussi les impacts positifs afin de les renforcer) lors de l'évaluation d'impact environnemental, social et sur les droits de l'homme (EIESDH):
  - impacts environnementaux, par exemple sur les sols, l'eau, l'air, la forêt et la biodiversité[12]
  - impacts sociaux qui peuvent affecter le bien-être, la vitalité et la viabilité des communautés affectées, y compris leur qualité de vie mesurée en fonction de la répartition des richesses, l'intégrité physique et sociale des individus et des communautés, le niveau et les possibilités d'emploi, la santé et les services sociaux, l'éducation et la disponibilité et la qualité du logement, des infrastructures et des services
  - impacts sur les droits de l'homme qui peuvent par exemple nuire à l'exercice des droits économiques, sociaux, culturels, civils et politiques des communautés affectées
  - impacts sur le patrimoine culturel, le mode de vie, les valeurs, les systèmes de croyance, les langues, les coutumes, l'économie, les relations avec l'environnement local et des espèces en particulier, l'organisation sociale et les traditions des communautés affectées
  - impacts sur les femmes eu égard à leur rôle de responsables de l'alimentation, de gardiennes de la diversité biologique et de détentrices des connaissances traditionnelles[13]
  - impacts sur le bien-être animal.
- Inviter les **communautés affectées** à participer à la conduite des évaluations d'impact, leur demander des renseignements et les informer régulièrement tout au long du processus d'évaluation.[14]
- Évaluer les risques et impacts à l'échelle de la zone d'influence du projet lorsque celui-ci concerne des éléments physiques, des aspects matériels et des installations spécifiques pouvant avoir des impacts.[15]

1.4 Partage des bénéfices

Risques

Pour éviter de susciter une opposition locale et réduire les coûts de transaction, les entreprises peuvent explorer les pistes leur permettant d'optimiser les impacts positifs de leurs activités sur les communautés locales. Organiser des consultations concernant les avantages de leurs activités pour différentes parties prenantes peut leur permettre d'établir la confiance, d'aider à obtenir le consentement des acteurs locaux et de créer des alliances durables entre les parties tout en évitant les conflits. Veiller à ce que leurs activités profitent à ces acteurs peut aider les entreprises à identifier des sites appropriés à leurs activités et tirer parti des connaissances locales afin d'utiliser au mieux le potentiel agro-écologique existant (FAO, 2010; NU, 2009).

Le partage des bénéfices est distinct (et peut être complémentaire) de l'indemnisation des impacts négatifs inévitables; il vise à nouer un partenariat entre l'entreprise et les populations autochtones ou locales afin de reconnaitre leur contribution aux activités. Dans certaines circonstances, les entreprises devraient verser une partie des bénéfices liés aux activités aux populations autochtones ou locales si elles utilisent leurs terres, leurs ressources ou leurs connaissances.[16] Ces bénéfices peuvent être monétaires ou non monétaires,[17] en fonction de l'accord conclu entre l'entreprise et les communautés concernées dans le cadre du processus de consultation. Les EIESDH peuvent aider à déterminer les catégories de bénéfices.[18]

Toutefois, le partage des bénéfices présente également des risques. Les entreprises s'exposent au risque de conflits avec les peuples autochtones si, après avoir négocié des accords de partage des bénéfices, ceux-ci ne sont finalement pas partagés avec l'ensemble de la population mais détournés par un groupe d'acteurs particulier. Le partage des bénéfices peut aussi avoir faire l'objet d'un accord avec certaines populations seulement, excluant ainsi certains groupes. Ces risques peuvent être atténués en engageant de manière constructive les parties prenantes dans le processus de diligence.

Mesures d'atténuation des risques

- S'efforcer d'**identifier les possibilités de bénéfices** qui peuvent consister, par exemple en: la création de liens en amont et en aval au niveau local et d'emplois locaux offrant des environnements de travail sûrs; la diversification des opportunités économiques; le renforcement des capacités; l'achat de produits locaux; des transferts de technologies; l'amélioration des infrastructures locales; l'amélioration de l'accès au crédit et aux marchés, en particulier pour les petites et moyennes entreprises; la rémunération des services environnementaux; l'attribution de revenus; la création de fonds fiduciaires.[19]
- Veiller à ce que les activités soient **conformes aux priorités de** développement et aux objectifs sociaux du gouvernement hôte.[20]
- Partager les **bénéfices monétaires et non monétaires** découlant des activités impliquant les terres, ressources et connaissances des peuples autochtones sur la base du processus de consultation et des EIESDH, d'une manière qui ne profite pas indûment à certains groupes uniquement mais qui favorise un développement social équitable et durable.[21]

1.5 Mécanismes de réclamation

Risques

Les mécanismes de réclamation au niveau opérationnel conçus comme des systèmes de détection rapide des risques constituent une méthode locale, simplifiée et mutuellement avantageuse de régler les différends entre les entreprises et les communautés affectées, y compris les détenteurs de droits fonciers. Ils contribuent à résoudre des litiges mineurs rapidement, à peu de frais et équitablement avant qu'ils ne dégénèrent et ne relèvent de mécanismes formels de résolution des différends, tels les tribunaux (SFI, 2009). Ils permettent aux entreprises de collecter des informations précieuses en: servant de système d'alerte rapide pour des problèmes potentiellement plus importants; relayant les vues d'individus proposant des améliorations des activités ou systèmes de gestion de l'entreprise; indiquant d'éventuels changements systémiques permettant d'éviter que certaines réclamations ne se reproduisent (CAO, 2008).

Mesures d'atténuation des risques

- **Ajuster la portée** du mécanisme de réclamation en fonction des risques et des impacts négatifs des activités en vue de résoudre rapidement les problèmes à travers un processus de consultation compréhensible, transparent, culturellement approprié, facilement accessible et garantissant que les parties ayant soulevé les problèmes ne subissent pas de représailles.[22]
- **Engager un dialogue avec les acteurs concernés** concernant la conception et la performance du mécanisme de réclamation pour veiller à ce qu'il réponde à leurs besoins, qu'ils l'utilisent dans la pratique et aient intérêt à en assurer le succès.[23]
- Éviter de recourir aux mécanismes de réclamation créés par les entreprises pour **empêcher l'accès** à d'autres mécanismes de recours judiciaires ou non judiciaires, y compris les Points de contact nationaux prévus par les Principes directeurs de l'OCDE, ou en vue de saper le rôle des syndicats dans le règlement des conflits du travail.[24]

Les critères d'efficacité concernant les mécanismes de réclamation non judiciaires contenus dans les Principes directeurs des Nations Unies (Principe 31) constituent un point de référence essentiel. Pour être efficaces, ces mécanismes, relevant ou non de l'État, devraient respecter les critères présentés dans le tableau A.1.

Tableau A.1. **Caractéristiques des mécanismes de réclamation efficaces**

Légitimes	Ils suscitent la confiance des groupes d'acteurs auxquels ils s'adressent et assurent le bon déroulement des procédures de réclamation.
Accessibles	Ils sont communiqués à tous les groupes d'acteurs auxquels ils sont destinés et fournissent une assistance suffisante à ceux qui se voient opposer des obstacles particuliers pour y accéder.
Prévisibles	Ils prévoient une procédure clairement établie assortie d'un calendrier indicatif pour chaque étape, ainsi qu'un descriptif précis des types de procédures et d'issues disponibles et des moyens de suivre leur mise en œuvre.
Équitables	Ils s'efforcent d'assurer que les parties lésées ont un accès raisonnable aux sources d'information, aux conseils et aux compétences nécessaires à la mise en œuvre d'une procédure de réclamation dans des conditions équitables, avisées et conformes.
Transparents	Ils tiennent les requérants informés du cours de la procédure et fournissent des informations suffisantes sur la capacité du mécanisme à susciter la confiance dans son efficacité et à répondre à tous les intérêts publics en jeu.
Compatibles avec les droits	Ils veillent à ce que l'issue des recours et les mesures de réparation soient compatibles avec les droits de l'homme internationalement reconnus.
Source d'apprentissage continu	Ils s'appuient sur des mesures pertinentes pour tirer les enseignements propres à améliorer le mécanisme et à prévenir les réclamations et atteintes futures.
Fondés sur la participation et le dialogue	Ils consultent les groupes d'acteurs auxquels ils s'adressent au sujet de leur conception et de leurs résultats en mettant l'accent sur le dialogue concernant les moyens d'examiner et de résoudre les plaintes.

Source: Principes directeurs des Nations Unies, Principe 31.

2. Droits de l'homme

Risques

Les entreprises s'exposent au risque de ne pas respecter les droits de l'homme lorsqu'elles causent des impacts négatifs sur ces droits ou y contribuent dans le cadre de leurs activités et ne prennent pas les mesures nécessaires pour répondre à ces impacts lorsqu'ils ont lieu. Elles devraient prévenir et atténuer les impacts négatifs sur les droits de l'homme directement liés à leurs activités, biens ou services par une relation d'affaires.[25] La responsabilité incombant aux entreprises de respecter les droits de l'homme existe indépendamment des capacités et/ou de la détermination des États à satisfaire à leurs obligations en la matière, et ne saurait atténuer ces obligations.[26] Lorsque les lois nationales ou leur application sont lacunaires, les entreprises devraient faire preuve d'un devoir de diligence accru afin d'identifier et de réduire les risques d'impacts négatifs sur les droits de l'homme.

Il convient de tenir compte de l'interdépendance de tous les droits de l'homme, y compris les droits économiques, sociaux, culturels, civils et politiques. Les entreprises devraient régulièrement réexaminer leurs responsabilités en matière de droits de l'homme afin de déterminer de manière qualitative si elles les respectent, y compris ceux qui ne sont pas directement abordés dans le présent Guide.

Mesures d'atténuation des risques

- **Identifier les détenteurs de droits** potentiellement affectés par les activités de l'entreprise et de ses partenaires commerciaux. Cela suppose généralement de conduire un examen approfondi et factuel des activités et des relations actuelles et potentielles de l'entreprise puis d'évaluer qualitativement ces activités au regard des normes relatives aux droits de l'homme afin d'identifier les acteurs dont les droits pourraient être affectés. Il est nécessaire de procéder à des consultations proactives avec les acteurs concernés pour cerner pleinement les impacts négatifs potentiels des activités et des relations de l'entreprise.[27]
- **Exercer le devoir de diligence en matière de droits de l'homme** en évaluant les impacts réels et potentiels sur ces droits,[28] en intégrant les résultats et en y donnant suite, en assurant le suivi des réponses, et en faisant connaître les mesures prises pour parer aux impacts. La diligence en matière de droits de l'homme est une activité continue, étant donné que les risques concernant les droits de l'homme peuvent changer à mesure que les activités et leur environnement évoluent.[29]
- Veiller à ce que toutes les parties prenantes bénéficient d'un **traitement juste**, particulièrement les groupes se trouvant dans une situation de vulnérabilité comme les femmes, les jeunes et les minorités, en prenant en considération leurs situations, contraintes et besoins respectifs.[30]
- Reconnaître le **rôle essentiel des femmes** dans l'agriculture et prendre les mesures appropriées pour éliminer les discriminations à leur égard et contribuer à leur développement professionnel et leur avancement de carrière,[31] y compris en facilitant leur traitement équitable dans l'accès et le contrôle des ressources naturelles, des intrants et outils de production, des services de conseil, de financement et de formation, des marchés et de l'information.[32]

3. Droits du travail

Risques

Les entreprises peuvent apporter des bénéfices importants aux pays et sociétés hôtes en contribuant au bien-être économique et social par l'amélioration des conditions de vie et la création d'opportunités d'emploi attractives et en facilitant le respect des droits de l'homme et du travail. Outre le fait qu'elles doivent garantir les droits du travail fondamentaux à leurs propres employés, elles peuvent également contribuer à améliorer les conditions de travail des travailleurs informels, notamment dans les exploitations agricoles de subsistance.

Les États parties au Pacte international relatif aux droits économiques, sociaux et culturels (PIDESC) reconnaissent les droits à jouir de conditions de travail justes et favorables (Article 7) et à former des syndicats (Article 8). Le Pacte international relatif aux droits civils et politiques protège lui aussi le droit à former des syndicats et à y adhérer. Les conventions internationales du travail[33] traitent également des droits liés au travail.[34] Si les traités sur les droits de l'homme tels le PIDESC et l'ICCPR sont destinés aux États, les entreprises peuvent également avoir des impacts négatifs sur les droits qu'ils contiennent. Elles ont donc un rôle important à jouer afin de soutenir la réalisation progressive de ces droits. Le respect des droits du travail figurant dans ces conventions, notamment les huit conventions fondamentales de l'OIT, peut aider les entreprises à minimiser leurs impacts négatifs tout en maximisant leurs impacts positifs. L'instauration d'un véritable dialogue avec les représentants des travailleurs librement choisis, par exemple, permet aux travailleurs comme aux employeurs de mieux comprendre leurs difficultés respectives et de trouver des moyens de les résoudre (OIT, 2006).

Cependant, le respect des droits du travail dans le secteur agricole représente un défi car l'emploi indépendant et rémunéré y demeure souvent informel et de nombreux travailleurs agricoles sont exclus du champ d'application du droit du travail (NU, 2009). 60% des enfants âgés de 5 à 17 ans qui travaillent sont employés dans l'agriculture (OIT, 2011a). De même, les conditions de travail et de vie des travailleurs des plantations constituent depuis longtemps un motif de préoccupation, en particulier le dépistage de grossesse obligatoire, la servitude pour dettes et les risques sanitaires liés au mésusage généralisé des pesticides (NU, 2009).

Les groupes marginalisés comme les femmes, les jeunes, les travailleurs autochtones et migrants ainsi que les travailleurs informels ou employés à titre occasionnel, à la tâche ou comme saisonniers peuvent souvent être soumis à des conditions de travail abusives ou insalubres (NU, 2009). La situation des femmes s'accompagne de risques spécifiques: dans les pays en développement, 43% de la main-d'œuvre agricole est composée de femmes mais l'agro-industrie a tendance à considérer les tâches qui leur sont attribuées comme peu qualifiées. Elle les emploie dans des activités à forte intensité de main-d'œuvre et les rémunère moins que les hommes tout en leur offrant de moindres possibilités d'avancement (OIT, 2011b).

Les atteintes aux droits fondamentaux du travail peuvent favoriser des tensions et des perturbations sociales pouvant affecter la performance de l'entreprise. Une entreprise ayant des pratiques d'emploi discriminatives limite son accès à une large gamme de compétences et d'aptitudes. Le sentiment d'injustice et le ressentiment provoqués par la discrimination peuvent réduire la performance individuelle des travailleurs (OIT, 2008).

Mesures d'atténuation des risques[35]

Protection des travailleurs

- S'inspirer du **principe de l'égalité des chances et de traitement au travail** dans toutes les activités et ne pas pratiquer de discrimination envers les travailleurs en matière d'emploi ou de profession pour des motifs tels que la race, la couleur, l'orientation ou l'identité sexuelle, la religion, l'opinion politique, l'ascendance nationale ou l'origine sociale, ou tout autre facteur. Les pratiques sélectives concernant les caractéristiques des travailleurs ne peuvent que servir une politique publique favorisant spécifiquement une plus grande égalité des chances en matière d'emploi ou répondre aux exigences intrinsèques d'un poste. Il faut qu'à tous les niveaux le recrutement, l'affectation, la formation et l'avancement des travailleurs soient fondés sur leurs qualifications, leurs compétences et leur expérience.[36]
- Respecter **l'âge minimum** d'admission à l'emploi ou s'efforcer de parvenir à l'abolition effective du travail des enfants.[37]
- Éviter de recourir au **travail forcé ou d'en profiter**, le travail forcé étant défini comme tout travail ou service n'étant pas exécuté volontairement mais extorqué à une personne sous la menace d'utilisation de la force ou de sanction.
- **Assurer le suivi** de la filière primaire en continu pour identifier tout changement significatif ou de nouveaux risques de travail des enfants et/ou forcé, et travailler de concert avec les fournisseurs primaires afin de prendre les mesures correctrices pour y remédier.[38]

Conditions de travail décentes

- Observer en matière d'emploi et de relations de travail des **normes** aussi favorables que celles qui sont observées par des employeurs comparables. Lorsqu'il n'existe pas d'employeurs comparables dans le pays où intervient l'entreprise, octroyer les meilleurs salaires, prestations et conditions de travail possibles conformément aux politiques publiques. Ils devraient être au moins suffisants pour satisfaire les besoins essentiels des travailleurs et de leurs familles.[39]
- S'efforcer d'assurer **un emploi stable** aux travailleurs et s'acquitter des obligations qui ont été librement négociées concernant la stabilité de l'emploi et la sécurité sociale.[40]
- Lorsque sont envisagés des changements d'opérations qui peuvent avoir des effets importants sur l'emploi, **en avertir dans un délai raisonnable** les représentants des travailleurs et, le cas échéant, les autorités nationales compétentes et coopérer avec ces dernières afin d'atténuer au mieux tout impact négatif.[41]

Représentation des travailleurs et négociation collective

- Reconnaître l'importance d'un **climat de compréhension et de confiance**, favorable aux aspirations des travailleurs.[42]
- Reconnaître que les travailleurs, sans discrimination aucune, ont le droit de **constituer des organisations** de leur choix ou de s'y affilier sans autorisation préalable.

- Établir des systèmes de **consultation régulière et de coopération** entre les employeurs, les travailleurs et leurs représentants sur des sujets d'intérêt commun, ainsi qu'avec les autorités compétentes pour veiller à la cohérence avec les politiques nationales de développement social.
- Établir des systèmes visant à fournir aux travailleurs et à leurs représentants des informations régulières afin d'alimenter des négociations constructives sur les conditions d'emploi et leur permettant de se faire une idée précise et correcte de la performance de l'entreprise.[43]
- S'abstenir d'engager des **actions discriminatoires ou disciplinaires** à l'encontre des travailleurs qui auraient de bonne foi rapporté à la direction ou, le cas échéant, aux autorités publiques compétentes, des informations sur des pratiques contraires à la loi, aux Principes directeurs de l'OCDE ou aux politiques de l'entreprise.
- Ne pas menacer de **transférer** hors du pays l'ensemble ou une partie d'une unité opérationnelle ni de déplacer des travailleurs de leurs filiales dans des pays étrangers en vue d'exercer une influence déloyale sur les négociations avec les représentants des travailleurs ou de faire obstacle à leur droit de s'organiser.
- Ne pas exercer de représailles contre les **représentants des travailleurs** ni interférer dans leurs activités ou les discriminer.[44]
- Permettre aux représentants habilités des travailleurs de mener des négociations sur les questions relatives aux **conventions collectives ou aux relations entre salariés et employeurs**.
- Inclure dans les conventions collectives des dispositions visant le **règlement des différends** liés à leur interprétation et leur application et garantissant un respect mutuel des droits et devoirs.[45]

Emploi local

- Dans toute la mesure du possible et sans pratiquer de discrimination, employer du personnel local, y compris aux postes de direction, et proposer des formations en vue d'améliorer les niveaux de qualification, en coopération avec les représentants des travailleurs et, le cas échéant, les autorités publiques compétentes.[46]

Formation

- Veiller à ce qu'une **formation adaptée** soit proposée aux travailleurs à tous les niveaux, afin de répondre aux besoins des activités, le cas échéant en coopération avec les autorités publiques compétentes et les organisations d'employeurs et de travailleurs. Ces formations devraient dans la mesure du possible permettre de développer des compétences utiles et d'ouvrir des opportunités de carrière.
- En cas d'activité dans des pays en développement, participer à des programmes encouragés par les autorités et soutenus par les organisations d'employeurs et de travailleurs encourageant le **développement des compétences** et appuyant l'orientation professionnelle.[47]
- Proposer des programmes de formation, d'enseignement et de mentorat adaptés aux **jeunes** pour renforcer leurs capacités et/ou leur permettre d'accéder à des opportunités d'emploi décent ou d'entreprenariat, et promouvoir l'accès des femmes à la formation.[48]

- Dans la mesure du possible, **fournir les services d'un personnel de formation qualifié** pour appuyer la mise en œuvre des programmes de formation organisés par les pouvoirs publics afin de contribuer au développement national.[49]

4. Santé et sûreté

Risques

Les activités agricoles concernent souvent des tâches comptant parmi les plus dangereuses pour les travailleurs, et nombreux sont les travailleurs agricoles souffrant de maladies et d'accidents professionnels. L'exposition à de mauvaises conditions climatiques, le contact étroit avec des animaux et végétaux dangereux, l'utilisation intensive de produits chimiques, les positions de travail inconfortables, les horaires de travail prolongés et l'utilisation d'outils et de machines dangereuses sont autant de facteurs provoquant des problèmes de santé (IFPRI, 2006). On estime par exemple que le nombre de cas d'intoxication aux pesticides se situe chaque année entre 2 et 5 millions, dont 40 000 sont mortels (OIT, 2005 et 2011b). Le changement d'utilisation des terres, la perte de zones tampons naturelles telles les terres humides, mangroves et forêts d'altitude qui atténuent les effets des aléas naturels (inondations, glissements de terrain et incendies) ou la diminution ou dégradation des ressources naturelles, y compris la baisse de la qualité, de la quantité et de la disponibilité d'eau potable, peuvent accroitre la vulnérabilité des populations et réduire leur sécurité (SFI, 2012).

La santé humaine peut être affectée par des risques biologiques, chimiques et physiques dans l'alimentation. Ces risques sont liés à l'environnement (métaux toxiques, dioxines et toxines naturelles), aux pratiques agricoles (résidus de traitements vétérinaires et de pesticides) ou à la mauvaise manipulation des produits (moisissures pathogènes). Les risques physiques incluent la saleté, les parasites, les poils ou les plastiques. Des systèmes de sécurité sanitaire, notamment des systèmes exhaustifs "de la ferme à la fourchette" comprenant des mesures de biosécurité et prévoyant l'utilisation d'une eau salubre, peuvent prévenir ces risques.

D'autre part, la santé humaine est étroitement liée à la santé animale. La notion de « santé universelle » (One Health) est fondée sur la prise de conscience des possibilités importantes de protéger la santé publique par des politiques visant à prévenir et contrôler les agents pathogènes au sein des populations animales, à l'interface entre les hommes, les animaux et l'environnement. Cette notion, endossée par plusieurs États, s'est traduite par l'adoption de mesures visant à prévenir des maladies affectant les hommes et les animaux et à assurer un usage responsable des antibiotiques chez les uns et les autres.[50] En effet, 60% des agents pathogènes provoquant des maladies infectieuses chez l'homme sont d'origine animale. Ces maladies, dites zoonoses, peuvent être transmises par des animaux domestiques ou sauvages. Les maladies animales pouvant se transmettre à l'homme présentent un risque de santé publique au niveau mondial. Pour protéger les hommes, une solution efficace et économe consiste à combattre tous les agents pathogènes zoonotiques en les contrôlant à la source, chez les animaux.

Le PIDESC prévoit la réalisation progressive du droit de jouir du standard de santé physique et mentale le plus élevé possible (Article 12). Le Comité des droits économiques, sociaux et culturels[51] interprète ce droit ainsi: « Le droit à la santé est un droit inclusif incluant non seulement l'accès à des soins de santé appropriés en temps opportun, mais également les déterminants fondamentaux de la santé tels l'accès à l'eau salubre et potable et des moyens adéquats d'assainissement, l'accès à une quantité suffisante d'aliments sains, la nutrition, le logement, un environnement de travail et de vie sain, et l'accès à une éducation et une information relatives à la santé ». Le Comité déclare que « Le droit à la santé, à l'instar de tous les droits de l'homme, impose trois catégories ou niveaux d'obligations aux États parties: les obligations de le respecter, de le protéger et de le mettre en œuvre. Cette dernière englobe les obligations d'en faciliter l'exercice, de l'assurer et de le promouvoir ».[52]

Les traités relatifs aux droits de l'homme comme le PIDESC s'adressent aux États, mais les entreprises peuvent affecter négativement la réalisation progressive du droit de jouir du standard de santé physique et mentale le plus élevé possible ou nuire aux mesures prises par les États pour le réaliser progressivement. Elles ont donc un rôle important à jouer pour favoriser la réalisation progressive de ce droit. Outre les risques sanitaires directs présentés ci-dessus, les activités agricoles et les systèmes alimentaires peuvent affecter la santé des personnes de manière plus indirecte.

Mesures d'atténuation des risques[53]

- Évaluer **les risques et les impacts** sur la santé et la sécurité sanitaire auxquels sont exposées les communautés affectées tout au long des activités.
- Prendre des **mesures de prévention et de contrôle** conformes aux bonnes pratiques internationales du secteur[54] et proportionnées à la nature et l'ampleur des risques et impacts identifiés, en tâchant d'éviter et, en cas d'échec, de minimiser ces risques et impacts.
- Éviter ou minimiser l'exposition des populations, des employés et des tierces parties **aux matières et substances dangereuses** qui peuvent être libérées dans le cadre des activités, y compris en modifiant, remplaçant ou éliminant la situation ou la substance à l'origine des risques et en déployant des efforts raisonnables pour contrôler la sécurité des livraisons, du transport et de l'élimination des matériaux et des déchets dangereux.
- Empêcher ou minimiser le potentiel d'exposition des populations aux **maladies** d'origine aquatique et aux maladies contagieuses pouvant résulter des activités de l'entreprise, en tenant compte du fait que les groupes vulnérables sont davantage exposés et sensibles à ces maladies.
- Soutenir les communautés affectées, les administrations locales et toute autre partie concernée, et collaborer avec elles pour les aider à se préparer à intervenir de manière efficace en **situation d'urgence**, en particulier lorsque leur participation et leur collaboration sont nécessaires pour assurer une réponse effective.[55]
- Envisager de se conformer aux **normes mondiales en matière de sécurité sanitaire**, par exemple le Codex Alimentarius,[56] et aux normes mondiales en matière de santé animale comme les normes de l'OIE.[57]
- Promouvoir la traçabilité afin de garantir la sécurité sanitaire mais aussi de faciliter la gestion sociale et environnementale et d'accroître la confiance.[58]

5. Sécurité alimentaire et nutrition

Risques

Conformément au PIDESC (Article 11), une nourriture suffisante constitue l'un des éléments du droit à un niveau de vie suffisant.[59] Les États parties au PIDESC s'engagent à prendre les mesures nécessaires pour réaliser progressivement le droit à un niveau de vie suffisant, y compris une nourriture suffisante. Le PIDESC reconnaît également le droit fondamental de chacun d'être à l'abri de la faim. Reconnaissant ce droit, les États parties devraient envisager de prendre les mesures nécessaires pour améliorer les méthodes de production, conservation et distribution de la nourriture, et de tenir compte des problèmes auxquels font face les pays importateurs et les pays exportateurs de denrées alimentaires. Selon le Comité des droits économiques, sociaux et culturels, **ces droits sont réalisés** « lorsque chaque homme, chaque femme et chaque enfant, seul ou en communauté avec d'autres, a physiquement et économiquement accès à tout moment à une nourriture suffisante ou aux moyens de se la procurer. » Il déclare que « comme tous les autres droits de l'homme, le droit à une nourriture suffisante impose aux États parties trois sortes ou niveaux d'obligation: les obligations de respecter et de protéger ce droit et de lui donner effet », et que « dans le cadre de leurs obligations de protéger la base de ressources servant à la production alimentaire, les États parties devraient prendre les mesures voulues pour faire en sorte que les activités des entreprises privées et de la société civile soient en conformité avec le droit à l'alimentation. »[60]

Les Directives volontaires de la FAO à l'appui de la concrétisation progressive du droit à une alimentation adéquate dans le contexte de la sécurité alimentaire nationale guident les pouvoirs publics afin de concrétiser ce droit, ce qui peut consister à promouvoir la disponibilité d'une alimentation en quantité et qualité suffisantes pour satisfaire les besoins nutritionnels, ainsi que l'accès physique et économique à une alimentation adéquate, exempte de substances dangereuses et acceptable par une culture donnée, ou les moyens d'acquérir cette alimentation. Les Directives encouragent les États à prendre des mesures pour veiller à ce que toute nourriture, qu'elle soit produite sur place ou importée, en libre distribution ou vendue sur les marchés, soit saine et conforme aux normes nationales de sécurité sanitaire. Elles suggèrent également que les pouvoirs publics établissent des systèmes exhaustifs et rationnels de contrôle de l'alimentation qui réduisent le risque de maladies d'origine alimentaire en utilisant des mécanismes d'analyse des risques et de supervision garantissant la sécurité sanitaire de l'ensemble de la filière, y compris la nourriture animale.

Les Directives volontaires de la FAO s'adressent certes aux États, mais les entreprises ont un grand rôle à jouer. Les investissements agricoles ont augmenté suite à la hausse des prix agricoles en 2008, notamment pour répondre à une demande alimentaire croissante – on estime que la production alimentaire mondiale devra augmenter de 60% d'ici 2050 pour satisfaire la demande. De tels investissements sont certes susceptibles d'accroître la production et ainsi de réduire la pauvreté et d'encourager le développement économique, mais ils peuvent également nuire à l'accès à la nourriture de diverses manières. L'un de leurs principaux impacts négatifs potentiels est lié à l'acquisition de vastes étendues de terres agricoles pouvant entraîner le déplacement de populations ou entraver leur accès à la terre (FAO, 2010).

Mesures d'atténuation des risques

- Dans la mesure du possible, **tenir compte des impacts des activités** sur la disponibilité et l'accès à l'alimentation, sur l'emploi local, sur les préférences alimentaires et la stabilité de l'offre alimentaire, y compris en impliquant les autorités locales et les autres acteurs concernés.
- Si nécessaire, **recenser les préoccupations relatives à l'alimentation** des différents acteurs et évaluer les stratégies permettant de réaliser les objectifs d'investissement tout en respectant lesdites préoccupations en consultant les acteurs concernés.
- Dans la mesure du possible, **adapter la conception du projet** afin de répondre aux inquiétudes relatives à ses impacts négatifs sur la sécurité alimentaire et la nutrition, par exemple en: envisageant les investissements alternatifs possibles si les projets proposés impliquent le déplacement physique et/ou économique des communautés locales; en réhabilitant des terres dégradées ou en choisissant des terres n'ayant pas déjà été utilisées à des fins agricoles mais n'étant pas fragiles sur le plan environnemental; ou en améliorant la productivité agricole par une intensification durable afin de contribuer à la sécurité alimentaire et la nutrition.
- Dans la mesure du possible, **envisager** de contribuer à l'amélioration de l'accès à la nourriture, la résilience et la nutrition[61] des communautés locales en: augmentant la production d'aliments sûrs, nutritifs and variés et en contribuant à la valeur nutritive des produits agricoles et alimentaires; facilitant l'accès aux intrants, technologies et marchés; générant des emplois dans les activités d'aval; créant des installations locales de stockage afin de réduire les pertes post-récolte et la volatilité des prix.[62]

6. Droits fonciers et accès aux ressources naturelles

Risques

Les risques fonciers, qui existent lorsque des terres agricoles font l'objet de plusieurs revendications, sont statistiquement significatifs dans les concessions réalisées dans des économies émergentes (Munden Project, 2013). En effet, parmi les 39 investissements agro-industriels à grande échelle que la Banque mondiale et la CNUCED ont analysés, le régime foncier s'est révélé être la cause la plus fréquente de litiges parmi les communautés affectées, en raison notamment de conflits concernant des terrains sur lesquels lesdites communautés détenaient des droits d'utilisation informels et d'un manque de transparence, en particulier au sujet des conditions et processus d'acquisition foncière (BM, 2014). En 2014, la moitié des problèmes soulevés dans les courriers de réclamation reçus par le Conseiller-médiateur pour l'application des directives de la SFI et de l'AMGI (CAO)[63] avaient trait à la terre. En outre, depuis 2000, près d'un quart de tous les dossiers traités par le CAO comportaient à la fois un volet relatif à la terre et un volet relatif à l'eau. La pression accrue exercée sur ces ressources suscite des inquiétudes quant à leur accès, quantité et gestion. La terre et l'eau sont souvent intimement liées à un sentiment d'identité ou d'appartenance culturelle. Parmi les réclamations foncières traitées par le CAO, la plupart des plaintes d'individus ont trait à l'acquisition de terrains (22%), l'indemnisation (33%) et la réinstallation (32%) (CAO, 2013).

Après le secteur minier, le secteur des produits alimentaires et des boissons est celui qui fait l'objet du plus grand nombre d'accusations émanant d'organisations de la société civile au motif qu'il ne tient pas suffisamment compte des droits liés à l'accès à la terre et à l'eau (CE, 2011).[64] La terre ne saurait être uniquement considérée comme un bien productif. Il faut aussi en reconnaître le rôle environnemental et socio-culturel; elle peut être la source de divers services écosystémiques comme l'eau potable et l'irrigation, et peut constituer un filet de sécurité et une assurance retraite pour les agriculteurs. Elle peut également jouer un rôle majeur dans les pratiques sociales, culturelles et religieuses des peuples autochtones et des communautés locales.

Bien qu'il appartienne au premier chef aux États de protéger les droits fonciers, les entreprises devraient partir du principe que le cadre juridique n'est pas forcément adéquat. On estime en effet que 70% des unités de propriété foncière des pays en développement ne sont pas formellement enregistrées (ONU HABITAT, 2015; McDermott *et al.*, 2015). Dès lors, les entreprises devraient s'assurer de manière proactive qu'elles respectent les droits fonciers légitimes. Elles devraient notamment tenir compte des risques suivants:

- Des risques existent lorsque les lois ne reflètent pas l'ensemble des droits fonciers légitimes ou lorsqu'elles ne sont pas correctement appliquées. Ainsi, les mécanismes de délivrance et d'enregistrement des titres fonciers ne sont pas toujours adaptés, ne permettent pas de protéger les droits fonciers des utilisateurs des terres, en particulier les femmes, et ne donnent aux entreprises que des informations lacunaires quant aux réclamations foncières existantes. L'exercice des droits fonciers peut être rendu plus difficile encore lorsque les terres ne sont exploitées que de façon saisonnière ou qu'elles semblent délaissées, par exemple lorsqu'elles ont été abandonnées par des déplacés internes ou lorsqu'elles servent au pâturage, au fourrage ou à l'agriculture itinérante. Il arrive alors que les entreprises excluent des consultations certains détenteurs de droits fonciers (qu'ils soient statutaires ou coutumiers, primaires ou secondaires, formels ou informels, collectifs ou individuels) susceptibles de subir les impacts négatifs de leurs activités (OCDE, 2011).
- Les risques peuvent augmenter lorsque les États ne définissent pas de règles claires et transparentes au sujet des consultations entre entreprises et parties prenantes, ni de garde-fous permettant de protéger les droits fonciers existants des risques découlant d'opérations foncières à grande échelle. Les entreprises peuvent notamment s'exposer à des risques lorsque la réglementation nationale n'est pas correctement appliquée ou ne suffit pas à: (i) garantir un engagement adéquat et de bonne foi avec les détenteurs de droits fonciers qui prenne dûment en compte le contexte culturel, et (ii) déterminer les modalités de transfert et d'exploitation des terres et des autres ressources naturelles, y compris au moyen d'évaluations d'impact indépendantes, participatives, ex ante et ex post, et/ou les modalités pour obtenir réparation (NU, 2009). Des consultations insuffisamment inclusives relatives à des acquisitions foncières peuvent générer des tensions, voire des conflits, entre les entreprises et les communautés locales, qui peuvent se sentir exclues du processus et contester les droits des entreprises (FAO, 2013).
- C'est aux États qu'il appartient au premier chef d'indemniser de manière rapide, adéquate et efficace les détenteurs de droits fonciers légitimes en cas d'expropriation, mais les entreprises devraient quant à elles veiller à ce que leurs activités n'entraînent pas le déplacement des communautés locales sans véritable consultation ou leur éviction forcée sans indemnisation adéquate. Conformément aux DVGR, les États ne doivent recourir à l'expropriation que lorsque l'acquisition de droits sur des terres est nécessaire à des fins d'utilité publique et doivent définir clairement le concept

d'utilité publique en droit, afin de rendre possible le contrôle juridictionnel. Dans de nombreux pays en développement, pourtant, le caractère imprécis ou trop large de la définition de l'utilité publique, l'absence de plans d'occupation des sols et le niveau élevé de corruption dans la gestion et la spéculation foncière conduisent à des expropriations illégales. Ces expropriations peuvent précipiter la perte des moyens de subsistance des communautés locales et limiter leur accès à la terre et à d'autres ressources naturelles essentielles, d'où des phénomènes de privation nutritionnelle, de polarisation sociale, de pauvreté persistante et d'instabilité politique.[65] Ceci peut entraver l'accès à une alimentation adéquate. De telles expropriations peuvent également porter atteinte aux droits des peuples autochtones édictés dans la Déclaration des Nations Unies sur les droits des peuples autochtones. La réputation et les activités des entreprises peuvent être affectées si elles sont liées à une expropriation pour laquelle les autorités n'ont pas conduit de consultations adéquates avec les communautés locales ou n'ont pas obtenu le consentement libre, préalable et informé des peuples autochtones et pour laquelle elles n'ont pas accordé une indemnisation adaptée. Il risque d'en résulter des tensions et des conflits entre les entreprises et les communautés qui peuvent se sentir exclues ou traitées injustement (FAO, 2013). Dans de telles circonstances, les entreprises devraient envisager des solutions leur permettant de se retirer des opérations programmées.

Le niveau des risques fonciers dépend du type d'investissements. Dans le cas d'investissements dans de nouveaux projets, une diligence approfondie est nécessaire pour veiller à ce que les populations ne soient pas expropriées à des fins privées sans indemnisation juste et rapide. S'il s'agit d'investissements dans des projets existants, des co-entreprises ou des fusions-acquisitions, il arrive que les opérateurs précédents aient obtenu des droits fonciers et que les litiges fonciers soient hérités. En conséquence, l'exercice du devoir de diligence doit permettre de vérifier que l'acquisition de ces droits s'est faite dans le respect des standards énoncés dans le présent Guide, compte tenu du fait, en particulier, que les DVGR n'ont été approuvées qu'en 2012. Les investissements dans des projets existants offrent aux entreprises l'occasion de vérifier que les droits fonciers ont été acquis de manière licite et, dans le cas contraire, de trouver le moyen d'indemniser les parties prenantes affectées et de rétablir un lien avec les communautés locales afin d'envisager de nouveaux modèles de partenariat.

Mesures d'atténuation des risques

- **Identifier les détenteurs de droits** – qui ne se limitent pas aux détenteurs de droits fonciers officiellement reconnus mais englobent également les droits fonciers publics, privés, communaux, collectifs, autochtones et coutumiers qui n'ont pas toujours été officiellement enregistrés et délivrés, y compris les droits fonciers des femmes – et les autres acteurs concernés, notamment en conduisant des consultations locales et ouvertes.[66]
- **Créer un comité** représentatif des parties prenantes concernées pour fournir des conseils concernant les évaluations d'impact, en particulier lors des phases initiales (filtrage et cadrage), ainsi que la gestion, le suivi et les plans de contingence. Les populations autochtones et locales et les groupes marginalisés devraient être représentés de manière satisfaisante.[67]

Envisager des solutions réalistes d'investissements alternatifs si les investissements proposés conduisent au **déplacement physique et/ou économique** des communautés locales, en reconnaissant que les États ne devraient recourir à l'expropriation que lorsque l'acquisition de droits sur des terres, pêches ou forêts est nécessaire à des fins d'utilité publique et qu'ils devraient définir clairement le concept d'utilité publique en droit.[68]

- Lorsque des détenteurs de droits fonciers sont affectés par des activités, travailler avec les pouvoirs publics pour veiller à ce qu'ils reçoivent une **indemnisation** juste, rapide et adéquate pour les droits fonciers affectés en:
  - tenant des consultations de bonne foi, efficaces et constructives sur les indemnités proposées et veillant à l'application cohérente et transparente des normes d'indemnisation
  - privilégiant une indemnisation sous la forme de terres qui soit proportionnée en qualité, dimension et valeur et, sinon, proposer des indemnisations équivalentes au coût total de remplacement des actifs perdus – y compris les actifs autres que les terres (récoltes, ressources en eau, infrastructures d'irrigation et travaux d'amélioration des terres) – ainsi que d'autres aides permettant aux détenteurs de droits fonciers d'améliorer ou, au moins, de rétablir leur niveau de vie ou moyens d'existence
  - suivant la mise en œuvre des dispositions d'indemnisation.[69]
- Lorsque les capacités des pouvoirs publics sont limitées, jouer un rôle actif dans la planification, la mise en œuvre et le suivi de la réinstallation.[70]

7. Bien-être animal

Risques

Les filières agricoles peuvent provoquer des risques importants pour le bien-être animal. Ces risques peuvent être liés à: la limitation de l'espace des stalles individuelles restreignant le mouvement des animaux; des densités importantes d'élevage en groupe augmentant le potentiel de transmission des maladies et de contacts nuisibles entre animaux; un environnement morne et immuable provoquant des troubles du comportement; des régimes alimentaires n'assouvissant pas la faim; des procédures de reproduction nocives et douloureuses; et des techniques de sélection augmentant la productivité mais provoquant des troubles anatomiques et métaboliques. Ces risques peuvent être aggravés par des actions inappropriées d'éleveurs pourtant compétents et bien informés (SFI, 2014).

L'amélioration du bien-être animal peut être rentable. La maladie est un bon exemple de menace pesant à la fois sur le bien-être animal et la viabilité des entreprises. L'OIE estime que la morbidité et la mortalité dues aux maladies animales provoquent la perte d'au moins 20% de la production animale dans le monde – soit d'au moins 60 millions de tonnes de viande et 150 millions de tonnes de lait pour une valeur d'environ 300 milliards de dollars par an. De plus, la richesse créée dans de nombreuses parties du monde a élargi la palette de choix des consommateurs et accru les exigences relatives aux méthodes de production alimentaire. Des enquêtes conduites en Europe et en Amérique du Nord ont montré que la majorité des consommateurs se soucient du bien-être animal et sont prêts à payer bien plus pour acheter des produits animaux qu'ils perçoivent comme provenant d'animaux bien traités (SFI, 2014).

Les standards et principes internationaux ne font que rarement référence au bien-être animal. Les principes directeurs les plus complets ont été élaborés par l'Organisation mondiale de la santé animale (OIE). En 2008, les membres de l'OIE ont adopté une définition du bien-être animal afin de clarifier à l'échelle internationale ce que cette notion recouvre.[71] Le bien-être animal peut être mis en péril dans des exploitations de toutes tailles dès lors que les conditions d'élevage et/ou la gestion des exploitations ne sont pas appropriées (RSPCA, 2014).

Les neuf standards de l'OIE concernent des problèmes spécifiques liés au bien-être animal, notamment le transport et l'abattage des animaux, les systèmes de production de viande bovine et de volaille, le contrôle des populations de chiens errants et l'utilisation d'animaux par la recherche. Ces standards sont fondés sur des données scientifiques et les principes fondamentaux du bien-être animal sont couramment appelés les « cinq libertés »: liberté d'être à l'abri de la faim, la soif et la malnutrition; absence d'inconfort physique et thermique; absence de douleur, blessures et maladies; absence de peur et de détresse; et liberté de manifester des comportements normaux.[72] Le Ministère britannique de l'environnement, de l'alimentation et des affaires rurales (DEFRA) offre un exemple de bonne pratique en établissant ces cinq libertés. Comme il le souligne dans la préface de son code de recommandations pour le bien-être animal, les entreprises d'élevage devraient respecter les points suivants: bienveillance et planification et gestion responsable; pratique de l'élevage compétente, bien informée et consciencieuse; conception d'un environnement approprié; manipulation, transport et abattage respectueux des animaux (DEFRA, 2003).

Outre les standards de l'OIE, l'Union européenne (UE) a adopté un ensemble détaillé de lois relatives au bien-être animal et l'Article 13 du Traité sur le fonctionnement de l'Union européenne reconnaît les animaux comme des « êtres sensibles ».[73] La plupart des règles de l'UE relatives au bien-être animal ne s'appliquent qu'aux producteurs de l'UE, mais les pays tiers qui souhaitent exporter de la viande dans l'UE doivent se doter de standards équivalents à ceux de l'UE sur le bien-être des animaux en ce qui concerne leur abattage. De plus, l'UE cherche à harmoniser les standards mondiaux sur le bien-être animal au moyen d'accords commerciaux internationaux. D'autres standards et mécanismes de certification en matière de bien-être animal ont été mis au point par des entreprises privées, des États et des organisations de la société civile.[74]

Mesures d'atténuation des risques

- Évaluer les impacts réels et potentiels sur le bien-être animal en utilisant le cadre des "**cinq libertés**".
- Veiller à ce que **l'environnement physique** permette un repos confortable, des mouvements sûrs et confortables, y compris des changements naturels de position, et la possibilité par les animaux d'adopter des comportements naturels qu'ils expriment de leur plein gré.
- Veiller à ce que les animaux aient un **accès à la nourriture et à l'eau suffisant** et adapté à leur âge et leurs besoins afin de préserver une santé et une productivité normales et de prévenir la faim, la soif, la malnutrition et la déshydratation.
- Lorsque des **procédures douloureuses** ne peuvent pas être évitées, gérer la douleur qui en résulte dans la mesure où les méthodes disponibles le permettent.
- S'assurer que la **manipulation des animaux** favorise une relation positive entre les animaux et les hommes et qu'elle ne provoque pas de blessures, de panique, de peur durable ou de stress évitable.

- Utiliser des **races d'élevage** adaptées à l'environnement et aux circonstances afin qu'elles puissent être élevées sans générer de maladies et d'autres problèmes intrinsèques.[75]

8. Protection de l'environnement et exploitation durable des ressources naturelles

Risques

Les activités agricoles peuvent déployer des pratiques respectueuses de l'environnement susceptibles d'améliorer les services écosystémiques, notamment en recourant à des techniques de gestion des terres qui préservent les sols et l'humidité, protègent les bassins-versants, réhabilitent la végétation et l'habitat naturel et entretiennent la biodiversité. En revanche, les investissements agricoles destinés à accroître la production agricole à court terme peuvent entraîner à long terme une dégradation des écosystèmes, y compris la dégradation des terres, l'épuisement des ressources en eau et la disparition des forêts primaires et de la biodiversité. De 55% à 80% des pertes forestières mondiales sont dues à la conversion des terres en terres agricoles (PNUE, 2015). Les problèmes les plus fréquemment soulevés parmi les 39 investissements analysés par la Banque mondiale et la CNUCED en 2014 avaient trait à l'utilisation de produits agrochimiques entraînant la contamination des eaux, à l'épandage de produits chimiques et à la pulvérisation aérienne. De surcroît, les activités agricoles peuvent générer des impacts externes – émissions de gaz à effet de serre, impacts sur les bassins-versants ou encore déforestation – se produisant loin des sites d'activités tout en leur étant directement liés (FAO, 2010).

Les impacts environnementaux négatifs peuvent être dus à l'absence d'évaluation adéquate de ces impacts avant d'investir, ou à l'absence d'un système efficace de gestion environnementale lors de la mise en œuvre de l'investissement (FAO, 2011). La qualité et l'exhaustivité de ces évaluations et leur accessibilité par le public ont souvent été au cœur des critiques adressées aux projets de grande envergure (FAO, 2010). Les risques sont plus élevés lorsque les données scientifiques sont insuffisantes pour évaluer pleinement les impacts négatifs. De plus, les risques auxquels sont exposées les entreprises évoluent rapidement à mesure que progressent les standards internationaux relatifs à l'utilisation efficiente des ressources, au recyclage, à la réduction des émissions, au remplacement ou à la réduction de l'utilisation de substances toxiques et à la préservation de la biodiversité (OCDE, 2011; SFI, 2012).

Mesures d'atténuation des risques

- Mettre en place et appliquer un **système de gestion environnementale** adapté aux caractéristiques de l'entreprise, notamment à travers: la collecte et l'évaluation en temps opportun d'informations adéquates relatives aux impacts potentiels de ses activités sur l'environnement et la santé et la sécurité des populations; la définition d'objectifs mesurables et, en tant que de besoin, spécifiques concernant l'amélioration de ses performances environnementales et son utilisation des ressources naturelles, y compris en élaborant un plan de gestion intégrée des engrais et/ou des parasites;[76] et le suivi et le contrôle réguliers des progrès réalisés dans la poursuite de ses objectifs généraux et spécifiques en matière d'environnement et de santé et de sécurité des populations.[77]
- Mettre en place des procédures pour **suivre** et mesurer l'efficacité de son système de gestion environnementale. Lorsque les pouvoirs publics ou une tierce partie sont

chargés de gérer certains risques et impacts environnementaux spécifiques ainsi que les mesures d'atténuation correspondantes, collaborer avec ceux-ci pour définir et suivre ces mesures. Le cas échéant, envisager de faire participer des représentants des communautés affectées aux activités de suivi.[78]

- **Traiter** les effets prévisibles sur l'environnement et sur la santé et la sécurité des populations, des processus, biens et services de l'entreprise sur l'ensemble de leur cycle de vie en vue d'éviter ces effets et, s'ils sont inévitables, de les atténuer. Lorsque les activités envisagées risquent d'avoir des impacts importants sur l'environnement ou sur la santé ou la sécurité des populations, et lorsqu'elles sont conditionnées par la décision de l'autorité compétente, les entreprises devraient réaliser une évaluation d'impact environnemental appropriée.[79]
- Lorsqu'il existe un risque d'impact environnemental, éviter d'invoquer **l'absence de données scientifiques complètes** pour remettre à plus tard l'adoption de mesures présentant un bon rapport coût-bénéfices et destinées à prévenir ou réduire cet impact, conformément aux connaissances scientifiques et techniques des risques, en prenant en compte les risques en termes de santé et de sécurité des populations.[80]
- Établir des **plans d'urgence** afin de prévenir, d'atténuer et de maîtriser les dommages graves à l'environnement et la santé pouvant résulter des activités, y compris du fait d'accidents et de situations d'urgence, et, le cas échéant, assister et collaborer avec les communautés pouvant être affectées ainsi que les organismes publics locaux afin de réagir efficacement en situation d'urgence, y compris en mettant en place des mécanismes d'alerte rapide des autorités compétentes.[81]
- Eu égard aux considérations liées aux coûts, à la confidentialité des affaires et aux droits de propriété intellectuelle, fournir au public et aux travailleurs en temps voulu des **informations** adéquates et mesurables relatives aux impacts potentiels de leurs activités sur l'environnement, la santé et la sécurité, et entrer en temps opportun en communication et en consultation avec les collectivités directement concernées par les politiques de l'entreprise en matière d'environnement, de santé et de sécurité et par leur mise en œuvre.[82]
- Chercher à éviter les impacts négatifs sur **la biodiversité, les ressources génétiques et les écosystèmes** et favoriser leur préservation, et, lorsque ces impacts sont inévitables, mettre en place des mesures pour les limiter et pour rétablir la biodiversité et les services écosystémiques grâce à une méthode de gestion adaptative.[83]
- Opter pour le système de production le plus approprié, en collaboration avec les autorités publiques le cas échéant, afin de renforcer l'efficience de l'utilisation des ressources tout en les préservant.[84] Cela suppose notamment de déployer des efforts particuliers pour:
  - Améliorer la **conservation de l'eau**, le traitement des eaux usées et l'efficience de l'utilisation de l'eau, et investir pour ce faire dans des technologies adaptées et les utiliser.[85]
  - Améliorer la gestion **des intrants et des produits agricoles** pour améliorer l'efficacité de la production et réduire autant que possible les menaces pesant sur l'environnement et la santé des plantes, des animaux et de l'homme.[86]

- Réduire **les déchets et pertes** lors de la production et des opérations post-récolte et améliorer l'utilisation des déchets et/ou des sous-produits.[87]
- Mettre en œuvre des mesures pratiques et rentables au plan technique et financier pour améliorer l'efficacité de la **consommation d'énergie**.[88]
- Prendre des mesures adaptées pour réduire et/ou éliminer les émissions de **gaz à effet de serre**.[89]

9. Gouvernance

9.1 Corruption

Risques

Lorsqu'un État ne s'est pas doté de lois claires et bien conçues sur la transparence et la lutte contre la corruption, les entreprises courent des risques élevés en matière de gouvernance (OCDE, 2006). Les organismes publics qui supervisent le secteur foncier comptent parmi les entités publiques les plus corrompues dans leur prestation de services. Seules la police et la justice ont des niveaux de corruption plus élevés (TI, 2011). Les entreprises peuvent avoir à proposer des avantages indus pour obtenir l'accès à d'importants terrains au détriment des communautés locales détenant des droits fonciers coutumiers. La corruption affecte également l'attribution des crédits subventionnés par l'État, les agents de l'État imposant des frais superflus lors de leur attribution. La corruption peut également entraîner une hausse du prix des intrants agricoles, car les entreprises les vendent aux instances publiques à un prix parfois plus élevé pour accorder aux agents publics une part du bénéfice.

Les allégations de corruption peuvent soit réduire les avantages issus des investissements agricoles privés soit en empêcher la réalisation en augmentant le coût de l'accès aux ressources, en réduisant les synergies avec les projets d'infrastructures en cours et futurs et en augmentant le potentiel de conflit (FAO, 2010). Elles peuvent saper la confiance des communautés locales envers l'entreprise, confiance pourtant indispensable pour bâtir une relation positive de long terme.

Mesures d'atténuation des risques

- S'abstenir de rechercher ou d'accepter des **exceptions** non prévues dans le dispositif législatif ou réglementaire concernant les droits de l'homme, l'environnement, la santé, la sécurité, le travail, la fiscalité ou d'autres domaines.
- Éviter d'offrir, de promettre, d'accorder ou de solliciter directement ou indirectement (via une tierce partie) **des pots-de-vin ou d'autres avantages indus** auprès d'agents publics ou d'employés de partenaires commerciaux ou de leurs proches ou associés, en vue d'obtenir ou de conserver un marché ou tout autre avantage illégitime.
- Mettre au point et adopter des mécanismes de **contrôle interne** et des programmes ou mesures de déontologie et de discipline adéquats afin de prévenir et détecter les actes de corruption.
- Insérer, dans les mécanismes de contrôle interne et dans les programmes ou mesures de déontologie et de conformité, des dispositions interdisant ou dissuadant de recourir à de **petits paiements de facilitation**, qui sont généralement illégaux dans les pays

où ils sont effectués et, si de tels paiements sont faits, les comptabiliser précisément dans les livres et états financiers.

- Exercer une diligence raisonnable attestée par des documents en bonne et due forme vis-à-vis du **recrutement** d'agents, contrôler ces agents de manière régulière et appropriée, et s'assurer que leur rémunération est correcte et n'est versée que pour des services légitimes.
- S'abstenir de toute ingérence indue dans les **activités politiques locales**.[90]
- S'appuyer sur une estimation objective de la valeur foncière, un processus et des services transparents et décentralisés et un droit de recours afin de prévenir la corruption liée aux **droits fonciers,** et en particulier aux droits fonciers coutumiers des peuples autochtones et des communautés locales.[91]
- Participer aux efforts déployés par les pouvoirs publics pour mettre en œuvre la **Convention de l'OCDE** sur la lutte contre la corruption d'agents publics étrangers dans les transactions commerciales internationales.[92]

9.2 Fiscalité

Risques

Les entreprises peuvent contribuer au développement économique des pays hôtes en acquittant avec ponctualité les impôts dont elles sont redevables. Les dispositions relatives à la gouvernance et à la mise en conformité fiscale intégrés à leurs systèmes de gestion des risques peuvent permettre d'identifier et d'évaluer pleinement les risques financiers, réglementaires et de réputation associés à la fiscalité (OCDE, 2011). Comme l'ont démontré de récentes campagnes ciblant les grandes entreprises, l'évasion fiscale accroît les risques liés à leur réputation.

Mesures d'atténuation des risques

- Fournir **en temps opportun des informations** pertinentes ou requises par la loi aux autorités afin qu'elles procèdent au calcul exact des impôts liés aux activités de l'entreprise.
- Conformer les pratiques de **prix de transfert** au principe de pleine concurrence.
- Adopter des **stratégies de gestion des risques** qui permettent d'identifier et d'évaluer l'ensemble des risques financiers, réglementaires et de réputation associés à la fiscalité.[93]

9.3 Concurrence

Risques

Non seulement les pratiques anticoncurrentielles affectent les consommateurs, mais elles affaiblissent également le pouvoir de négociation des petits exploitants si le pouvoir excessif des acheteurs n'est pas régulé, ce qui nuit à la sécurité alimentaire et la nutrition (NU, 2009). De même, le dumping pratiqué par certaines grandes entreprises vendant un produit à perte sur un marché concurrentiel peut exclure certains de leurs concurrents du marché, y compris des petites et moyennes entreprises. Dans les pays où les lois et la réglementation de la concurrence sont lacunaires ou insuffisamment appliquées, les entreprises risquent d'enfreindre les standards de la concurrence si elles ne font pas preuves d'une grande prudence afin de s'abstenir d'abuser de leur pouvoir d'achat, en réduisant par exemple leurs prix d'achat a posteriori sans notification raisonnable ou en imposant des paiements injustifiés aux fournisseurs suite aux réclamations de clients (OCDE, 2006).

Mesures d'atténuation des risques

- S'abstenir de conclure ou d'exécuter des **accords contraires à la concurrence** entre concurrents.
- En tenant compte de la législation existante et en prenant les précautions nécessaires, **coopérer avec les autorités de la concurrence** chargées d'enquêtes, notamment en apportant des réponses aussi rapides et exhaustives que possible à leurs demandes de renseignements, et en envisageant d'utiliser les instruments disponibles, tels les déclarations de renonciation au droit à la confidentialité, afin de favoriser une coopération efficace et efficiente entre les différentes autorités chargées d'enquêtes.[94]

10. Technologie et innovation

Risques

La promotion et le partage des technologies peuvent contribuer à créer un environnement propice à l'exercice des droits de l'homme et à une meilleure protection de l'environnement. Toutefois, les études empiriques suggèrent que les transferts de technologies ayant réellement lieu dans le secteur agricole atteignent rarement le niveau annoncé par les entreprises (CNUCED, 2009).

En ce qui concerne le matériel génétique et les savoirs traditionnels des peuples autochtones, des populations et des agriculteurs locaux, les États parties à la CDB, au Traité international sur les ressources phytogénétiques pour l'alimentation et l'agriculture et au Protocole de Nagoya sur l'accès et le partage des avantages à la CDB, sont tenus par des obligations internationales relatives à l'accès aux ressources génétiques et aux savoirs traditionnels associés. Les entreprises peuvent collaborer avec les pouvoirs publics afin de se mettre en conformité avec ces obligations internationales ou, du moins, à ne pas en saper la mise en œuvre, en tenant compte des lois relatives au droit de la propriété intellectuelle.

Mesures d'atténuation des risques

- S'efforcer de faire en sorte que les activités soient compatibles avec les politiques et plans scientifiques et technologiques des **pays hôtes** et, le cas échéant, contribuer au développement de la capacité d'innovation au niveau local et national.
- Si possible, adopter des pratiques permettant d'assurer **le transfert et la diffusion rapide** de technologies, pratiques et savoir-faire innovants et adaptés au lieu d'utilisation, eu égard aux droits de propriété intellectuelle.[95]
- Sous réserve de la législation nationale et conformément aux traités internationaux applicables, respecter les **droits des agriculteurs** de conserver, d'utiliser, d'échanger et de vendre des ressources génétiques, y compris les semences, en tenant compte des intérêts des obtenteurs.[96]

- Le cas échéant, mener des activités de développement scientifique et technologique dans les pays en développement visant à répondre aux besoins du **marché local**, employer du personnel local et encourager sa formation, en tenant compte des besoins commerciaux.
- En cas d'attribution de licences pour l'utilisation de **droits de propriété intellectuelle** ou en cas de transfert de technologies par d'autres moyens, le faire sur la base de conditions et modalités raisonnables et de manière à contribuer au développement durable à long terme du pays hôte.
- Lorsque les objectifs commerciaux s'y prêtent, établir localement des liens avec les **universités locales** et les établissements publics de recherche et participer à des projets de recherche en coopération avec les entreprises ou associations professionnelles locales.[97]

Notes de l'Annexe A

1. Principes directeurs de l'OCDE, III.1-3 et VIII.2; Principe CSA-IRA 9.ii; DVGR, 12.3; Lignes directrices Akwé: Kon, 10-11; Norme de performance SFI 1, 29; Principes des Nations Unies pour des contrats responsables, annexés aux Principes directeurs des Nations Unies et approuvés par le Conseil des droits de l'homme des Nations Unies, Principe 10. Cela peut contribuer à la mise en œuvre de l'article 5.6 de la Convention d'Aarhus. Les informations relatives aux « *caractéristiques des produits* » devraient inclure des informations suffisantes pour permettre aux consommateurs de prendre leurs décisions en connaissance de cause, notamment des informations sur les prix et, s'il y a lieu, le contenu, la sécurité d'utilisation, l'impact environnemental, l'entretien, le stockage et l'élimination des produits (Principes directeurs de l'OCDE, VIII.2).
2. Lignes directrices Akwé: Kon, 10-11.
3. Aarhus Convention, Article 5.1.c.
4. Principes directeurs de l'OCDE, III.1.
5. Norme de performance SFI 1, par. 27.
6. Norme de performance SFI 7, par. 13-17; Lignes directrices Akwé: Kon, 29, 52-53, 60; DVGR, 3B.6, 9.9; Principe CSA-IRA 9.iii; Déclaration des Nations Unies sur les droits des peuples autochtones, Article 10. Selon la Norme de performance SFI 1 (par. 33), lorsque l'engagement des parties prenantes relève principalement des pouvoirs publics, les entreprises doivent collaborer avec eux dans la mesure du possible. Lorsque les capacités des pouvoirs publics sont limitées, elles doivent jouer un rôle actif pendant les phases de planification, mise en œuvre et suivi de l'engagement des parties prenantes. Si le processus conduit par les pouvoirs publics ne remplit pas les obligations nécessaires de participation constructive, les entreprises doivent mener un processus complémentaire et, le cas échéant, identifier des actions supplémentaires.
7. DVGR, 3B.6; Norme de performance SFI 1, 30.
8. DVGR, 9.9 et 4.10; Lignes directrices Akwé: Kon, 14-17; PRAI 1 et 4; Norme de performance SFI 1, 26-27 et 30.
9. Lignes directrices Akwé: Kon, 17; Norme de performance SFI 1, 30-31.
10. Lignes directrices Akwé: Kon, 7-8; Norme de performance SFI 1, 27.
11. Principes directeurs de l'OCDE, VI.3 et VI.67.
12. Des outils tels les hautes valeurs de conservation et les évaluations du stock de carbone peuvent être employés. Voir la sous-section 8 sur la « protection de l'environnement et l'exploitation durable des ressources naturelles » pour plus de détails sur les impacts négatifs potentiels sur l'environnement.
13. Principe CSA-IRA 10; Lignes directrices Akwé: Kon, 6, 37 and 48.
14. Principe CSA-IRA 10.i; Lignes directrices Akwé: Kon, 14.
15. Norme de performance SFI 1, par. 8 et 10.
16. CDB Articles 8(j) et 10; ITPGR Article 9.2; Protocole de Nagoya Article 5; Convention n°169 de l'OIT, Article 15.
17. Une liste indicative figure à l'Annexe du Protocole de Nagoya.

18. Lignes directrices Akwé: Kon, 46.
19. Principes CSA-IRA 1.iii et 2, iv-vii; PRAI 6; Déclaration EMN de l'OIT, par. 20; Lignes directrices Akwé: Kon, 46; Norme de performance SFI 7, par. 18-20.
20. Déclaration EMN de l'OIT, par. 10, PRAI Principe 5.
21. PRAI Principe 6; Lignes directrices Akwé: Kon, 46; Norme de performance SFI 7, par. 18-20.
22. Norme de performance SFI 1, par. 35.
23. Principes directeurs des Nations Unies 31, commentaire.
24. Principes directeurs de l'OCDE, IV.46.
25. Principes directeurs de l'OCDE, IV.1-3.
26. Principes directeurs de l'OCDE, IV.37.
27. Lignes directrices Akwé: Kon 13; Norme de performance SFI 7, par.8.
28. Voir la section précédente sur les évaluations d'impact pour plus de détails.
29. Principes directeurs de l'OCDE, II.2 et IV.5 et 45.
30. Principes CSA-IRA 3 et 4.
31. Principe CSA-IRA 3; Convention sur l'élimination de toutes les formes de discrimination à l'égard des femmes (CEDAW).
32. Principe CSA-IRA 3.iii.
33. Convention sur la liberté syndicale et la protection du droit syndical, 1948 (n°87); Convention sur le droit d'organisation et de négociation collective, 1949 (n°98); Convention sur le travail forcé, 1930 (n°29); Convention sur l'abolition du travail forcé, 1957 (n°105); Convention sur l'âge minimum, 1973 (n°138); Convention sur les pires formes de travail des enfants, 1999 (n°182); Convention sur l'égalité de rémunération, 1951 (n°100); Convention concernant la discrimination (emploi et profession), 1958 (n°111).
34. De plus, le droit de former des syndicats et d'y adhérer est protégé par la Convention européenne des droits de l'homme (Article 11). Le droit d'adhérer à un syndicat est protégé par le droit à la liberté d'association prévu dans la Convention américaine relative aux droits de l'homme (Article 16) et dans la Charte africaine sur les droits de l'homme et des peuples (Article 10).
35. Le Principe CSA-IRA 2 couvre les droits du travail.
36. Déclaration EMN de l'OIT 21; Principes directeurs de l'OCDE V.1.e. Le Commentaire 54 des Principes directeurs de l'OCDE précise que le terme « autre circonstance » aux fins des Principes directeurs recouvre l'activité syndicale et des caractéristiques personnelles telles l'âge, l'invalidité, la grossesse, la situation de famille, l'orientation sexuelle et la sérologie VIH. Notons que la Convention relative aux droits des personnes handicapées (CDPH) interdit toute discrimination à l'emploi liée au handicap.
37. Déclaration EMN de l'OIT 36; Principes directeurs de l'OCDE V.1.c; Principes régissant les entreprises dans le domaine des droits de l'enfant, Principe 2. Les Principes régissant les entreprises dans le domaine des droits de l'enfant ne créent pas de nouvelles obligations légales internationales. Ils sont fondés sur les droits édictés

dans la Convention relative aux droits de l'enfant et ses protocoles facultatifs. La Convention est le traité sur les droits de l'homme le plus largement ratifié: 193 États l'ont signée et ratifiée. Ces principes sont aussi fondés sur les Conventions de l'OIT n°182 sur les pires formes de travail des enfants et n°138 sur l'âge minimum. Ils s'inscrivent dans le sillage des normes existantes en matière commerciale, notamment les « dix principes » du Pacte mondial des Nations Unies et les Principes directeurs des Nations Unies.

38. Principes directeurs de l'OCDE V.1.d; Norme de performance SFI 2, par. 13, 15, 21, 22 et 27.

39. Déclaration EMN de l'OIT, 34; Principes directeurs de l'OCDE V.4.a & b.

40. Déclaration EMN de l'OIT, 25.

41. Déclaration EMN de l'OIT, 26; Principes directeurs de l'OCDE V.6.

42. Communications within the Undertaking Recommendation de l'OIT, 1967 (n°129), par. 2.

43. Les systèmes de relations sectorielles, y compris la négociation collective au niveau de l'entreprise et de la branche, peuvent jouer un rôle important en vue de prévenir et résoudre les abus.

44. Norme de performance SFI 2, 14; Déclaration EMN de l'OIT, 17, 52-53.

45. Principes directeurs de l'OCDE, II.9, V.1-3, V.6-8; Déclaration EMN de l'OIT, 41, 44, 47, 51-56.

46. Principes directeurs de l'OCDE, V.4-5; Déclaration EMN de l'OIT, para. 18.

47. Déclaration EMN de l'OIT, 16-18, 30-34.

48. Principe CSA-IRA 3.iii et 4.ii.

49. Déclaration EMN de l'OIT, 31.

50. Les pays et organisations qui suivent ont approuvé cette méthode: Commission européenne, Département d'État des États-Unis, Ministère de l'agriculture des États-Unis, Centre de contrôle et de prévention des maladies des États-Unis (CDC), Banque mondiale, Organisation mondiale de la santé (OMS), FAO, OIE, et Coordination du système des Nations Unies pour la grippe aviaire (UNSIC). Pour plus d'informations, consulter *www.onehealthglobal.net.*

51. Les Observations générales du Comité des droits économiques, sociaux et culturels ne sont pas contraignantes mais constituent les interprétations officielles du PIDESC.

52. Comité des droits économiques, sociaux et culturels, Observation générale n°14 de 2000. Bien que le PIDESC soit un instrument international largement ratifié dans lequel les États parties reconnaissent le droit à jouir du standard de santé physique et mentale le plus élevé possible, des droits en matière de santé figurent également dans d'autres instruments, parmi lesquels la Convention relative aux droits de l'enfant, la Convention sur l'élimination de toutes les formes de discrimination à l'égard des femmes (CEDAW), la Convention internationale sur l'élimination de toutes les formes de discrimination raciale, et la Convention relative aux droits des personnes handicapées.

53. Pour des recommandations spécifiques sur les intérêts des consommateurs, voir les Principes directeurs de l'OCDE, VIII.

54. La Norme de performance SFI 3 définit les bonnes pratiques internationales comme « l'exercice de compétences professionnelles, de diligence, de prudence et de prévoyance qu'il est raisonnable d'attendre de la part de professionnels compétents et expérimentés participant au même type d'activités dans les mêmes circonstances ou des circonstances similaires au plan mondial ou régional. Ces bonnes pratiques devraient se traduire par l'utilisation des techniques les plus indiquées pour les circonstances du projet. »

55. Norme de performance SFI 4.

56. PRAI 5. La Commission du Codex Alimentarius, créée par la FAO et l'OMS en 1963, propose des normes alimentaires internationales ainsi que des directives et des codes de pratiques visant à protéger la santé des consommateurs et garantir des pratiques équitables dans le commerce des produits alimentaires. La Commission promeut également la coordination entre différentes normes alimentaires élaborées par des organisations internationales gouvernementales et non gouvernementales. Les principes HACCP font partie du Codex. Ils consistent en une approche préventive systématique de la sécurité sanitaire et des dangers biologiques, chimiques et physiques présents dans les processus de production et pouvant aboutir à un produit fini dangereux. Ils proposent des mesures visant à ramener ces risques à un niveau sûr. Les sept principes sont les suivants: (1) procéder à une analyse des risques; (2) déterminer les points de contrôle critiques; (3) fixer le ou les seuil(s) critiques(s); (4) mettre en place un système de surveillance des points de contrôle critiques; (5) déterminer des mesures correctives; (6) vérifier; et (7) tenir des registres. Le système HACCP peut être utilisé à toutes les étapes de la chaîne alimentaire, qu'il s'agisse des processus de production, de préparation, d'emballage ou de distribution des aliments.

57. Par exemple, les programmes reconnus par la 'Global Food Safety Initiative' comprennent le système de gestion FSSC 22000 de la sécurité sanitaire des aliments et les' BRC Global Standards and International Featured Standards'. L'Agence européenne de sécurité sanitaire des aliments a également établi des normes de sécurité sanitaire.

58. Selon la Commission du Codex Alimentarius de 2006, la traçabilité désigne la capacité à suivre le mouvement d'une denrée alimentaire à travers une (des) étape(s) spécifique(s) de la production, la transformation et la distribution. L'outil de traçabilité doit permettre d'identifier à n'importe quel point de la filière l'origine du produit (une étape en amont) ainsi que sa destination (une étape en aval), en accord avec les objectifs du système d'inspection et de certification des denrées alimentaires.

59. Les droits liés à l'alimentation sont également protégés par d'autres instruments internationaux et régionaux, y compris la Convention relative aux droits de l'enfant, la Convention sur l'élimination de toutes les formes de discrimination à l'égard des femmes (CEDAW), et la Convention relative aux droits des personnes handicapées.

60. Comité des droits économiques, sociaux et culturels des Nations Unies, Observation générale 12 (1999), par. 6, 15 et 27.

61. Pour plus d'informations, consulter l'indice de l'accès à la nutrition: *www.accesstonutrition.org.*

62. Principe CSA-IRA 1.i et iii, 2.iii et iv, et 8.i; 3.i et iii; DVGR, 12.4; PRAI 2.

63. Le CAO est le mécanisme de recours indépendant de la Société financière internationale (SFI) et de l'Agence multilatérale de garantie des investissements

(AMGI). Il répond aux réclamations provenant des populations affectées par un projet en vue d'améliorer les résultats sociaux et environnementaux sur le terrain.

64. Bien que les droits d'usage et de propriété des terres et d'autres ressources naturelles ne soient pas des droits de l'homme, ils peuvent avoir d'importantes conséquences sur l'exercice de différents droits de l'homme et sont reflétés dans les standards de CRE. L'une des principales exceptions tient aux droits de propriété et de possession des peuples autochtones sur les terres qu'ils occupent traditionnellement, qui sont codifiés dans la Convention 169 de l'OIT et soulignés dans la Déclaration des Nations Unies sur les droits des peuples autochtones, souvent citée bien que non contraignante (voir Annexe B).

65. La réinstallation involontaire désigne à la fois un déplacement physique (déménagement ou perte d'un terrain) et économique (perte des ressources naturelles ou accès réduit aux ressources naturelles qui se traduit par une diminution des moyens de subsistance) suite à une acquisition foncière et/ou à des restrictions imposées à l'utilisation des ressources. La réinstallation est considérée comme involontaire lorsque les personnes affectées n'ont pas le droit de refuser l'acquisition de leurs terres et/ou les restrictions relatives à l'utilisation des ressources naturelles (Norme de performance SFI, 5).

66. DVGR, 2.4; PRAI 1; Lignes directrices Akwé: Kon 13; Norme de performance SFI 7, par. 8.

67. Lignes directrices Akwé: Kon 13.

68. DVGR, 12.4 et 16.1; Norme de performance SFI 5, par. 8; Convention n°169 de l'OIT relative aux peuples indigènes et tribaux, Article 16. Notons que ces standards sont également mentionnés dans les récents engagements pris par de grandes entreprises agro-alimentaires en matière d'accaparement des terres.

69. PRAI 6.2.1; Norme de performance SFI 5, par. 9-10, 19, 27-28 et Norme 7, par. 9 et 14.

70. Norme de performance SFI 5, par. 30. De plus, le paragraphe 31 de cette norme oblige les entreprises à préparer un plan complémentaire de réinstallation et de restauration des moyens de subsistance.

71. Selon la définition de l'OIE reconnue par plus de 170 pays, le bien-être animal désigne la manière dont un animal évolue dans les conditions qui l'entourent. Le bien-être d'un animal est considéré comme satisfaisant si, comme l'indiquent des données scientifiques, les critères suivants sont réunis: bon état de santé, confort suffisant, bon état nutritionnel, sécurité, possibilité d'exprimer un comportement naturel et absence de souffrances telles que douleur, peur et détresse. Pour plus d'informations, consulter *www.defra.gov.uk/fawc.*

72. Les cinq libertés sont reconnues dans l'introduction des recommandations de l'OIE sur le bien-être animal, i.e. Article 7.1.2 du Code sanitaire pour les animaux terrestres. Pour plus d'informations, voir les cinq libertés du Farm Animal Welfare Council: *www.fawc.org.uk/freedoms.htm*.

73. Voir *http://eur-lex.europa.eu/legal-content/FR/TXT/HTML/?uri=CELEX:12012E/TXT&from=EN*.

74. Ces standards comprennent: IFC Good Practice Note on Animal Welfare in Livestock Operations; Freedom Food of the Royal Society for the Prevention of Cruelty to

Animals (RSPCA); Label Rouge; GAP 5-step; et les normes biologiques de Soil Association.

75. OIE, Code sanitaire pour les animaux terrestres 2015, Article 7.1.4. Ces mesures d'atténuation des risques semblent cohérentes avec les critères du *Business Benchmark on Farm Animal Welfare* (www.bbfaw.com).

76. Un plan de gestion des parasites doit avoir pour but de réduire le développement des parasites en combinant plusieurs techniques telles le contrôle biologique par l'utilisation d'insectes ou de microbes bénéfiques et de variétés de plantes résistantes aux parasites et des pratiques agricoles alternatives comme la pulvérisation et l'émondage.

77. Principes directeurs de l'OCDE, VI.1.

78. Norme de performance SFI 1, par. 5 et 21-22.

79. Principes directeurs de l'OCDE, VI.2-3.

80. Principes directeurs de l'OCDE, VI.1, 4-5; Norme de performance SFI 1, 5 et 21-22; Pacte mondial des Nations Unies, Principes 7-8; Convention-cadre des Nations Unies sur les changements climatiques, Article 3.

81. Principes directeurs de l'OCDE, VI.1, 4, et 5; Norme de performance SFI 1, par. 5 et 21-22.

82. Principes directeurs de l'OCDE, VI.2-3.

83. Norme de performance SFI 6, par. 7; CBD Articles 8 et 9; Principe CSA-IRA 6.ii. Le paragraphe 26 de la Norme de performance SFI 6 précise également que « Si possible, le client implantera les projets d'agro-industrie et de foresterie sur des terres non forestières ou déjà converties ». Les *Forest Policy Proposals of the International Commission on Land Use Change and Ecosystems* (octobre 2009), la Directive UE relative à la promotion de l'utilisation de l'énergie produite à partir de sources renouvelables n°2009/28/EG (avril 2009), le Règlement de l'UE dans le domaine du bois n°995/2010 (octobre 2010), et la déclaration de New York sur les forêts adoptée lors du Sommet pour le climat 2014, font référence au changement d'utilisation des terres.

84. PRAI 7. La fertilité des sols peut par exemple être préservée grâce à une rotation appropriée des cultures, l'utilisation de fumier, la gestion des pâturages et des pratiques mécaniques rationnelles de labour et de préservation des sols.

85. Le *CEO Water Mandate* est un programme public-privé lancé en 2007 par le Secrétaire général des Nations Unies destiné à aider les entreprises à élaborer, mettre en œuvre et diffuser des mesures et des pratiques durables relatives à l'eau. Il exige de fixer des objectifs de conservation de l'eau, de traitement des eaux usées et de réduction de la consommation en eau. Le document final de Rio +20 « L'avenir que nous voulons » privilégie davantage une meilleure efficience de l'utilisation de l'eau et la réduction des pertes en eau.

86. Principe CSA-IRA 8.iii.

87. Principe CSA-IRA 6.iii. Il convient également d'évaluer le gaspillage alimentaire, y compris en le mesurant. Lorsque c'est possible, le gaspillage doit être réduit au minimum, par exemple en transférant des technologies à des tierces parties ou en informant sur le gaspillage alimentaire et ses conséquences. Lorsque le gaspillage ne

peut être évité, il convient de minimiser l'envoi d'aliments dans les décharges en les utilisant par exemple pour nourrir les animaux ou, le cas échéant, en les transformant en énergie.

88. Norme de performance SFI 3.6.

89. Principe CSA-IRA 6.v.

90. Principes directeurs de l'OCDE, II.A.5 & 15, et VII.

91. DVGR, 6.9, 8.9, 9.12, 16.6, 17.5.

92. Pour plus de détails sur la manière dont les États peuvent prendre des mesures efficaces pour décourager, prévenir et combattre la corruption des agents publics étrangers dans le cadre de transactions commerciales internationales, voir la Recommandation du Conseil visant à renforcer la lutte contre la corruption d'agents publics étrangers dans les transactions commerciales internationales, disponible à l'adresse suivante: www.oecd.org/fr/daf/anti-corruption/44229684.pdf.

93. Principes directeurs de l'OCDE, XI.1-2.

94. Principes directeurs de l'OCDE, X.2-3.

95. Principes directeurs de l'OCDE, IX.1-2; Principe CSA-IRA 7.iv.

96. Principe CSA-IRA 7.ii; Traité international sur les ressources phytogénétiques pour l'alimentation et l'agriculture, Article 9.3.

97. Principes directeurs de l'OCDE, IX.

Références de l'Annexe A

BM et CNUCED (2014), The Practice of Responsible Investment in Larger-Scale Agricultural Investments – Implications for Corporate Performance and Impacts on Local Communities, Banque Mondiale et Conférence des Nations Unies sur le commerce et le développement, Washington DC.

CAO (2013), *Annual Report*, Conseiller-médiateur pour l'application des directives de la SFI et de l'AMGI, Washington DC.

CAO (2008), A guide to designing and implementing grievance mechanisms for development projects, An Advisory Note, Conseiller-médiateur pour l'application des directives de la SFI et de l'AMGI, Washington DC.

CE (2011), *Report - A sectoral approach to CSR to tackle societal issues in the food supply chain* [Rapport – une approche sectorielle sur la responsabilité sociale des entreprises pour résoudre les matières sociétales dans la chaîne d'approvisionnement alimentaire], High level forum for a better functioning food supply chain, expert platform on the competitiveness of the agro-food industry, Commission européenne, Bruxelles.

CNUCED (2009), *Sociétés transnationales, production agricole et développement*, Rapport sur l'investissement dans le monde, Conférence des Nations Unies sur le commerce et le développement, New York et Genève.

DEFRA (2003), "Preface", *Code of recommendations for the welfare of livestock*, United Kingdom Department of Environment, Food and Rural Affairs, Londres.

FAO (2013), Trends and impacts of foreign agricultural investment in developing country agriculture: evidence from case studies, Organisation des Nations Unies pour l'alimentation et l'agriculture, Rome.

FAO (2011), Report of expert meeting on international investment in the agricultural sector of developing countries, 22-23 novembre 2011, Organisation des Nations Unies pour l'alimentation et l'agriculture, Rome.

FAO (2010), Principes de base pour des investissements responsables respectueux des droits, des moyens de subsistance et des ressources, Note de discussion préparée par la FAO, le FIDA, la CNUCED et le Groupe de la Banque mondiale, Organisation des Nations Unies pour l'alimentation et l'agriculture, Rome.

IFPRI (2006), Occupational health hazards of agriculture - Understanding the links between agriculture and health, Brief 13(8), International Food Policy Research Institute, Washington DC.

McDermott *et al.* (2015), *Towards the Valuation of Unregistered Land*, Papier préparé pour une presentation à la Conférence 2015 de la Banque mondiale sur la terre et la pauvreté par McDermott, M., Selebalo, C. and Boydell, S., Banque mondiale, Washington DC, mars 23-27 2015.

Munden Project (2013), Global Capital, Local Concessions: A Data-Driven Examination of Land Tenure Risk and Industrial Concessions in Emerging Market Economies, The Munden project Ltd.

NU (2009), *Large-scale land acquisitions and leases - A set of minimum principles and measures to address the human rights challenge*, Rapporteur spécial des Nations Unies sur le droit à l'alimentation, document des Nations Unies A/HRC/13/33/3/Add.2 disponible à l'adresse suivante: *www.srfood.org/images/stories/pdf/officialreports/20100305_a-hrc-13-33-add2_land-principles_en.pdf*.

OECD (2011), *Les principes directeurs de l'OCDE à l'intention des entreprises multinationales*, OECD Publishing, Paris. *http://dx.doi.org/10.1787/9789264115439-fr* .

OCDE (2006), "Outil de l'OCDE de sensibilisation au risque destiné aux entreprises opérant dans les zones à déficit de gouvernance", dans *Rapport annuel sur les Principes directeurs de l'OCDE à l'intention des entreprises multinationales 2006: Entreprendre dans les zones à faible gouvernance*, OECD Publishing, Paris. DOI: http://dx.doi.org/10.1787/mne-2006-4-fr

OIT (2011a), « Stimuler le développement rural grâce à l'emploi productif et au travail décent: Tirer parti de quarante ans d'expérience de l'OIT en milieu rural », *Document présenté à la Commission de l'emploi et de la politique sociale du Conseil d'administration*, Organisation internationale du travail, Genève.

OIT (2011b), *La sécurité et la santé dans l'agriculture. Recueil de directives pratiques*, Organisation internationale du travail, Genève.

OIT (2008), Les principes du travail du Pacte mondial des Nations Unies: Guide pour les entreprises, Organisation internationale du travail, Genève.

OIT (2006), Déclaration de principes tripartite sur les entreprises multinationales et la politique sociale, Organisation internationale du travail, Genève.

OIT (2005), *La sécurité et la santé dans l'agriculture*, Organisation internationale du travail, Genève.

ONU-HABITAT (2015), *Documents de problématiques et documents de politiques de la Conférence Habitat III,* Organisation des Nations Unies – HABITAT, Nairobi.

PNUE (2015), Bank and Investor Risk Policies on Soft Commodities, A Framework to Evaluate Deforestation and Forest Degradation Risk in the Agricultural Value Chain, Programme des Nations Unies pour l'environnement.

RSPCA (2014), *Large-scale farming, A briefing paper with an emphasis on dairy farming,* Royal Society for the Prevention of Cruelty to Animals, Southwater.

SFI (2014), *Improving animal welfare in livestock operations*, Good Practice Note, Société financière internationale, Washington DC.

SFI (2012), Normes de performance de la SFI, Société financière internationale, Washington DC.

SFI (2009), *Addressing grievances from project-affected communities - Guide for projects and companies designing grievance mechanisms,* Good Practice Note n° 7, Société financière internationale, Washington DC.

TI (2011), « Corruption in the land sector », Document de travail 04/2011, Transparency International.

Annexe B

Orientations concernant l'engagement des peuples autochtones

Comme l'indique le modèle de politique d'entreprise, il convient de conduire des consultations de bonne foi, efficaces et constructives avec les communautés avant, pendant et après le déroulement des activités susceptibles de les affecter. De plus, certains standards et instruments internationaux spécifient l'engagement des États à mener des consultations afin d'obtenir le consentement préalable donné librement et en connaissance de cause (CPLCC) des peuples autochtones avant l'approbation de tout projet ayant des impacts sur leurs terres ou territoires et autres ressources.[1] Selon certains organismes de défense des droits de l'homme et des peuples autochtones, la notion de CPLCC provient du droit à l'auto-détermination et des droits territoriaux et culturels des peuples autochtones, car elle est une condition de leur réalisation. Certains pays se sont dotés de lois nationales conformes à l'engagement de consultation et de coopération pour obtenir le CPLCC.[2]

Les Principes CSA-IRA et les DVGR appellent à mener des consultations constructives afin d'obtenir le CPLCC des peuples autochtones. De plus, certaines grandes entreprises agro-alimentaires et certaines tables rondes sur les matières premières exigent l'obtention du CPLCC dans certaines conditions. Par exemple, la Table ronde sur la production durable d'huile de palme (RSPO) exige le CPLCC des groupes affectés pour utiliser leurs terres et y implanter des plantations de palmiers à huile.[3] Les Principes directeurs de l'OCDE font référence aux instruments des Nations Unies sur les droits des peuples autochtones dans le contexte d'impacts négatifs sur les droits de l'homme, mais ne contiennent pas de référence au CPLCC.[4]

Définition de peuples autochtones

Il n'existe pas de définition unique des peuples autochtones qui ne constituent pas des entités homogènes. Toutefois, en se fondant sur sa Convention n°169, l'Organisation internationale du Travail (OIT) a défini les peuples autochtones comme un groupe social et culturel distinct présentant les caractéristiques suivantes à des degrés divers:

- auto-identification en tant que membres d'un groupe culturel distinct
- modes de vie traditionnels
- culture et mode de vie différents des autres segments de la population nationale, par exemple dans leurs modes de subsistance, leur langue, leurs coutumes, etc.
- organisation sociale propre qui peut inclure des coutumes et/ou des lois traditionnelles.[5]

Le sentiment d'auto-identification devrait être considéré comme un critère fondamental pour déterminer quels sont les peuples autochtones.[6]

Les impacts négatifs peuvent toucher les peuples autochtones d'une manière différente ou plus grave que les autres acteurs concernés, compte tenu du fait que leur relation à la terre joue souvent un rôle majeur dans leurs pratiques sociales, culturelles et religieuses et dans leur culture et leur situation socio-économique. Ces peuples figurent souvent parmi les segments les plus marginalisés et les plus vulnérables de la population. Ils subissent des discriminations et connaissent des niveaux élevés de pauvreté, ce qui les rend plus vulnérables et moins résilients face aux impacts négatifs. Quel que soit le cadre juridique dans lequel se déroule une opération, ils disposent souvent de droits coutumiers ou traditionnels liés à leur relation à la terre, leur culture et leur situation socio-économique:

- **Terre**: Les peuples autochtones entretiennent généralement un lien particulier avec leurs terres ancestrales, sur lesquelles ils disposent souvent de droits coutumiers. Ce lien à la terre est un trait caractéristique des peuples autochtones, ce qui explique que les impacts d'ordre foncier – réduction ou perte de l'accès à la terre, par exemple, ou dégradation de l'environnement – puissent affecter les peuples autochtones, leurs moyens de subsistance et leur culture plus gravement que d'autres acteurs non autochtones. De plus, les droits fonciers coutumiers des peuples autochtones peuvent ne pas être reconnus dans la législation nationale. Des consultations devraient permettre d'estimer la valeur immatérielle associée aux sites sacrés ou aux zones d'importance culturelle.
- **Culture**: Les peuples autochtones peuvent posséder des caractéristiques et valeurs culturelles uniques qu'il faut prendre en compte et respecter lorsqu'ils sont concernés par un projet. Ainsi, les questions relatives à la vie privée peuvent être d'une importance particulière, notamment en raison d'un héritage de discrimination et de marginalisation sociale et culturelle ou d'une sensibilité particulière due à l'absence de contact avec les cultures dominantes. Dans de telles conditions, une pratique d'cngagement adéquate avec les peuples autochtones peut notamment consister à rechercher leur consentement lors de l'enregistrement de données concernant les rituels, cérémonies et rites de passage afin d'éviter tout bouleversement de leur vie culturelle. C'est particulièrement important lorsque les activités se traduisent par leur réinstallation et/ou déplacement. Compte tenu du fait que la plupart du temps, le mode de vie des peuples autochtones est étroitement lié à un territoire particulier, leur réinstallation peut se traduire par la perte des réseaux sociaux, l'érosion de leur culture et la perte de leur langue et de leur identité propre. De même, certains peuples autochtones considèrent parfois que les emplois liés à des projets commerciaux à grande échelle nuisent à leurs activités traditionnelles. L'introduction d'une économie monétaire est parfois incompatible avec les liens d'échange préexistants. Le processus d'engagement des peuples autochtones peut permettre de déterminer les méthodes visant à atténuer ces impacts et à refléter leurs aspirations et priorités.
- **Situation socio-économique:** Dans de nombreuses parties du monde, les peuples autochtones constituent certains des segments les plus marginalisés et les plus vulnérables de la population. Ils subissent fréquemment des discriminations et un haut niveau de pauvreté et d'exclusion sociale. Souvent, ils sont moins bien informés de leurs droits et de leur patrimoine culturel, et moins à même de les faire valoir. Cela signifie qu'ils sont moins résilients face aux chocs et aux impacts négatifs, et plus vulnérables aux impacts économiques et sociaux les plus graves. Il arrive qu'ils

s'expriment en dialectes très rares et s'appuient sur une tradition orale pour transmettre des informations, d'où des difficultés à communiquer des données de manière efficace, ce qui peut nécessiter de mettre au point des méthodes innovantes de consultation et de participation. En outre, il est important de tenir compte du fait qu'il peut exister des griefs historiques susceptibles de compliquer les activités.

Les peuples autochtones se composent d'individus qui subissent les impacts négatifs de manière différente et comprennent des groupes plus vulnérables tels les femmes et les enfants, auxquels il convient d'accorder une attention particulière au cours des consultations.

Mise en œuvre du CPLCC

Les entreprises devraient toujours obéir aux législations et réglementations nationales et respecter les droits de l'homme internationalement reconnus.[7] Quelles que soient leurs obligations réglementaires et opérationnelles et tout au long de la planification de leurs projets, elles devraient anticiper le fait que les peuples autochtones s'attendent à une consultation afin qu'ils donnent leur CPLCC et qu'il serait risqué de ne pas satisfaire cette attente. Dans les pays où le CPLCC n'est pas obligatoire, les entreprises devraient tenir compte des attentes locales et des risques qui pèseraient sur les peuples autochtones[8] et sur leurs propres activités en cas d'opposition locale. Elles devraient poursuivre une stratégie d'engagement satisfaisant les attentes légitimes des peuples autochtones dans la mesure où celles-ci n'enfreignent pas les lois nationales.

De ce point de vue, les étapes-clé suivantes peuvent servir à communiquer avec les peuples autochtones afin d'obtenir leur CPLCC:

- Convenir avec les peuples autochtones affectés d'un processus de consultation visant à rechercher leur CPLCC. Ce processus devrait permettre de recenser les activités spécifiques en cours et à venir pour lesquelles le consentement est requis.[9] Dans certains cas, il peut être indiqué de sanctionner ce processus par un accord formel ou juridique.[10] Le processus doit toujours être fondé sur une négociation de bonne foi et libre de toute coercition, intimidation ou manipulation.
- Consulter et convenir de ce qui constitue un consentement adéquat pour les peuples autochtones affectés, en accord avec leurs institutions de gouvernance et leurs lois et pratiques coutumières, par exemple établir s'il faut un vote majoritaire de la communauté ou une approbation par le conseil des anciens. Les peuples autochtones devraient pouvoir participer par l'intermédiaire de leurs propres représentants choisis librement et de leurs institutions coutumières ou autres.
- Enclencher le processus de recherche du consentement dès que possible au cours de la planification du projet avant que les activités pour lesquelles le consentement est recherché démarrent ou soient autorisées.
- Reconnaître que le processus visant à obtenir le CPLCC est itératif et ne consiste pas en une seule et unique discussion. L'établissement d'un dialogue continu avec la communauté locale permet de bâtir une relation de confiance et un accord équilibré bénéficiant à l'investissement à toutes les phases du projet.
- Fournir aux peuples autochtones toutes les informations relatives au projet, et ce de manière rapide, objective, exacte et compréhensible par elles.

- Documenter les engagements/accords conclus, y compris, le cas échéant, le détail des activités ayant ou non été consenties, les conditions du consentement et les domaines restant en négociation, et partager rapidement ces informations avec les peuples autochtones sous une forme et dans une langue qu'elles peuvent comprendre.
- Décider de la/des mesures à prendre au cas où: a) les peuples autochtones refusent de négocier; b) ils ne donnent pas leur consentement aux activités prévues sur leur territoire.

Répondre à un non-consentement ou à un refus d'échanger

Lorsqu'un peuple autochtone refuse de donner son consentement, l'entreprise doit le consulter pour comprendre les raisons qui l'y ont poussé et établir si les inquiétudes qui demeurent peuvent être levées ou traitées. Un consentement préalable déjà donné librement et en connaissance de cause ne doit pas être retiré arbitrairement.

Dans les cas où le consentement risque de ne pas être obtenu ou les peuples autochtones refusent d'échanger, l'entreprise peut subir des risques matériels et les peuples autochtones des impacts négatifs. Dans les situations où la poursuite des activités entraînerait des impacts négatifs sur les peuples autochtones, l'entreprise devrait prendre les mesures nécessaires pour les empêcher ou y mettre un terme.[11]

Si, en exerçant son devoir de diligence,[12] l'entreprise conclut que le consentement est nécessaire pour poursuivre une activité et que le processus convenu n'a pas abouti à ce consentement, les activités ne sauraient être poursuivies à moins que le CPLCC puisse être obtenu par la suite. Ainsi, un projet financé par la SFI ne devrait pas être poursuivi, quelles que soit les autorisations publiques dont il a fait l'objet, si le déplacement des peuples autochtones est requis et qu'ils n'ont pas donné leur CPLCC.

Extraits instruments et standards existants

Norme	Texte lié au CPLCC
Déclaration des Nations Unies sur les droits des peuples autochtones (DNUDPA)*	*Aucune réinstallation ne peut avoir lieu sans le CPLCC des peuples autochtones concernés (Article 10).* *Les États doivent accorder réparation par le biais de mécanismes efficaces — qui peuvent comprendre la restitution — mis au point en concertation avec les peuples autochtones, en ce qui concerne les biens culturels, intellectuels, religieux et spirituels qui leur ont été pris sans leur CPLCC, ou en violation de leurs lois, traditions et coutumes (Article 11).* *Les États consultent les peuples autochtones concernés et coopèrent avec eux de bonne foi par l'intermédiaire de leurs propres institutions représentatives, en vue d'obtenir leur CPLCC, avant l'approbation de tout projet ayant des incidences sur leurs terres ou territoires et autres ressources, notamment en ce qui concerne la mise en valeur, l'utilisation ou l'exploitation des ressources minérales, hydriques ou autres (Article 32).* D'autres références au CPLCC figurent aux articles 19, 29 et 30.

Norme	Texte lié au CPLCC
Convention nº 169 de l'OIT relative aux peuples indigènes et tribaux**	*Lorsque le déplacement et la réinstallation desdits peuples sont jugés nécessaires à titre exceptionnel, ils ne doivent avoir lieu qu'avec leur consentement, donné librement et en toute connaissance de cause. Lorsque ce consentement ne peut être obtenu, ils ne doivent avoir lieu qu'à l'issue de procédures appropriées établies par la législation nationale et comprenant, s'il y a lieu, des enquêtes publiques où les peuples intéressés ont la possibilité d'être représentés de façon efficace (Article 16).*
Principes CSA-IRA	*L'investissement responsable dans l'agriculture et les systèmes alimentaires doit... intégrer des structures de gouvernance, des procédures, un processus de prise de décision... par... des consultations efficaces et constructives avec les peuples autochtones, qui soient menées par l'intermédiaire de leurs propres institutions représentatives de manière à obtenir de la part de ces peuples un CPLCC conformément à la Déclaration des Nations Unies sur les droits des peuples autochtones et en tenant dûment compte des points de vue et des conceptions des différents États (Principe 9).*
DVGR	*Les États et les autres parties devraient tenir des consultations de bonne foi avec les peuples autochtones avant de lancer un quelconque projet ou d'adopter et de mettre en œuvre des mesures administratives ou législatives qui auront des répercussions sur des ressources sur lesquelles les communautés détiennent des droits. De tels projets devraient reposer sur des consultations efficaces et constructives avec les peuples autochtones, qui soient menées par l'intermédiaire de leurs propres institutions représentatives de manière à obtenir de la part de ces peuples un CPLCC, conformément à la Déclaration des Nations Unies sur les droits des peuples autochtones, et qui tiennent dûment compte des positions et points de vue de chaque État (par. 9.9).* *En ce qui concerne les peuples autochtones et leurs communautés, les États devraient veiller à ce que toutes les actions soient compatibles avec les obligations existantes qui leur incombent en vertu de la législation nationale et du droit international et tienne dûment compte des engagements volontaires contractés en vertu des instruments régionaux et internationaux applicables et, le cas échéant, de la Convention de l'OIT nº 169 concernant les peuples indigènes et tribaux dans les pays indépendants, et de la Déclaration des Nations Unies sur les droits des peuples autochtones (par. 12.7).*
Lignes directrices Akwe: Kon	*Dans la conduite d'études d'impacts culturels, des précautions devraient être prises à l'égard aussi bien des gardiens ou dépositaires de connaissances que des connaissances elles-mêmes... Avant de dévoiler des secrets et/ou des connaissances sacrés, il est nécessaire d'obtenir un accord préalable en connaissance de cause et des mesures de protection adéquates (par. 29).* *Il est nécessaire de prendre en ligne de compte les considérations générales suivantes lors de la conduite d'une étude d'impact pour un*

Norme	Texte lié au CPLCC
	projet d'aménagement sur des sites sacrés, des terres ou des eaux occupés ou utilisés traditionnellement par des communautés autochtones et locales: • *Le consentement préalable en connaissance de cause des communautés autochtones et locales affectées: Lorsque le régime juridique national exige l'obtention du consentement préalable en connaissance de cause des communautés autochtones et locales, l'étude devrait s'assurer que ce consentement a été effectivement obtenu. Le consentement préalable en connaissance de cause, correspondant aux différentes phases de l'étude d'impact, devrait étudier: la reconnaissance et la protection des droits, connaissances, innovations et pratiques des communautés autochtones et locales; l'utilisation d'un langage et de procédés appropriés; et l'allocation d'un temps suffisant et la fourniture d'informations précises, factuelles et juridiquement fondées. Toute modification au projet initial doit obtenir un autre consentement des communautés autochtones et locales concernées (par. 53).* • *Propriété, protection et contrôle des technologies et des connaissances traditionnelles utilisées dans les études d'impacts culturels, environnementaux et sociaux... Ces connaissances ne devraient être utilisées qu'après obtention du consentement préalable en connaissance de cause de leurs propriétaires (par. 60).*
Normes de performance SFI	*Il n'existe pas de définition du CPLCC universellement acceptée. (...) Le CPLCC met à profit et élargit la consultation et la participation éclairées décrites dans la Norme de performance 1. Il devra être établi par le biais d'une négociation de bonne foi entre le client et les communautés autochtones affectées. Le client devra documenter: (i) le processus mutuellement accepté entre le client et les communautés autochtones affectées, et (ii) les éléments de preuve de l'accord entre les parties sur les résultats des négociations. Le CPLCC ne nécessite pas nécessairement l'unanimité et peut se réaliser même lorsque des individus ou groupes au sein de la communauté manifestent explicitement leur désaccord.* *Les communautés autochtones affectées peuvent être particulièrement vulnérables à la perte, l'aliénation ou l'exploitation de leurs terres ou à l'accès aux ressources naturelles et culturelles. Compte tenu de cette vulnérabilité, le client devra obtenir le CPLCC des communautés autochtones affectées dans les circonstances suivantes:* • *Impacts sur les terres et les ressources naturelles soumises au régime de propriété traditionnel ou aux droits d'usage coutumiers;* • *Réinstallation des peuples autochtones hors des terres et des ressources naturelles faisant l'objet de droits de propriété*

Norme	Texte lié au CPLCC
	traditionnels ou d'usage coutumiers: le client étudiera les conceptions alternatives possible du projet afin d'éviter le déplacement de peuples autochtones des terres et ressources naturelles collectives faisant l'objet de droits de propriété traditionnels ou d'usage coutumiers; • *Patrimoine culturel essentiel: lorsque les impacts importants du projet sur l'héritage culturel essentiel sont inévitables, le client devra obtenir le CPLCC des communautés autochtones affectées. Lorsqu'un projet se propose d'utiliser le patrimoine culturel, notamment les savoirs, innovations ou pratiques des peuples autochtones à des fins commerciales, le client devra obtenir le CPLCC des communautés autochtones affectées.*

* La Déclaration de 2007 est un document non contraignant adopté par l'Assemblée générale des Nations Unies, 143 pays ayant voté pour, 4 contre et 11 s'étant abstenus. Elle représente leur intention politique.

** Cette Convention de 1989 est contraignante pour les 22 pays qui l'ont ratifiée. Son adoption au sein de l'OIT représente un consensus entre les composantes tripartites de l'Organisation concernant les droits des peuples autochtones et tribaux et les responsabilités qu'ont les pouvoirs publics de protéger ces droits. Les fondements de la Convention sont les suivants: respect des cultures et du mode de vie des peuples autochtones, reconnaissance de leur droit à la terre et aux ressources naturelles, et de leur droit à déterminer leurs propres priorités de développement. Ses principes fondamentaux sont la consultation et la participation.

Pour plus d'informations sur le CPLCC

Banque mondiale (2005), Politique opérationnelle 4.10: Peuples autochtones. Washington, DC.

Expert Mechanism on the Rights of Indigenous Peoples (2011), Expert Mechanism advice No. 2: indigenous peoples and the right to participate in decision-making. Genève.

FAO (2014), Respecter le consentement préalable, donné librement et en connaissance de cause - Guide pratique pour les gouvernements, les entreprises, les ONG, les peuples autochtones et les communautés locales en matière d'acquisition de terres, Guide technique pour la gouvernance des régimes fonciers 3.

Foley-Hoag (2010), Implementing a corporate free, prior, and informed consent policy: benefits and challenges, by Lehr, A. and Smith, G. *www.foleyhoag.com/publications/ebooks-and-white-papers/2010/may/implementing-a-corporate-free-prior-and-informed-consent-policy*.

Instance permanente des Nations Unies sur les questions autochtones (2005), Rapport sur les travaux de l'atelier international sur le consentement préalable, libre et éclairé et les peuples autochtones. Document E/C.19/2005/3, soumis à la 4ème session de l'IPQA, 16-17 mai.

OCDE (2016), Guide de l'OCDE sur le devoir de diligence pour un engagement constructif des parties prenantes dans le secteur extractif , ISBN 9789264252462, Editions OCDE, Paris.

OIT (2013), Comprendre la convention (n° 169) relative aux peuples indigènes et tribaux, 1989 - Manuel à l'usage des mandants tripartites de l'OIT, Département des normes internationales du travail, Organisation internationale du travail, Genève.

Oxfam Australia (2005), Guide to free, prior and informed consent, by Hill, C., Lillywhite, S. and Simon, S., Carlton, Victoria, Australia.

RSB (2011), RSB guidelines for land rights: respecting rights, identifying risks, avoiding and resolving disputes and acquiring lands through free, prior and informed consent, Genève, Roundtable on Sustainable Biofuels.

Notes de l'Annexe B

1. Les instruments internationaux relatifs aux peuples autochtones sont la DNUDPA et la Convention n°169 de l'OIT. La DNUDPA recommande que les États consultent et coopèrent avec les peuples autochtones concernés afin d'obtenir leur CPLCC dans un certain nombre de situations, y compris pour les projets affectant leurs terres, leur territoire et d'autres ressources (Articles 19 et 32). La Convention n°169 de l'OIT, qui est juridiquement contraignante pour les pays qui l'ont ratifiée, impose aux États parties de consulter les peuples autochtones en vue de parvenir à un accord ou d'obtenir un consentement au sujet des mesures envisagées (Article 6). Pour un éclairage sur la disposition de la Convention relative au consentement, voir: Comprendre la convention (n° 169) relative aux peuples indigènes et tribaux, 1989 - Manuel à l'usage des mandants tripartites de l'OIT (2013). D'autres organes des Nations Unies prétendent que les normes internationales relatives au CPLCC s'appliquent également aux acteurs non publics. Parmi ces organes figurent l'Instance permanente des Nations Unies sur les questions autochtones, le Groupe de travail des Nations Unies sur la question des droits de l'homme et des sociétés transnationales et autres entreprises, le Rapporteur spécial des Nations Unies sur les droits des peuples autochtones, le Mécanisme d'experts des Nations Unies sur les droits des peuples autochtones, et plusieurs Organes des traités des droits de l'homme.

2. FAO, *Respecter le consentement préalable, donné librement et en connaissance de cause* (2014), p. 7, www.fao.org/3/a-i3496f.pdf.

3. Les « Principes et critères pour la production durable d'huile de palme » approuvés par le Conseil d'administration de la Table ronde sur la production durable d'huile de palme (RSPO) et adoptés par les membres de la RSPO à l'Assemblée générale extraordinaire le 25 avril 2013 précisent que l'utilisation des terres pour la culture du palmier à huile ne réduit pas les droits légaux, coutumiers ou d'exploitation des autres utilisateurs sans leur consentement libre, informé et préalable (Principe 2.3). En guise d'indicateur, une copie des accords négociés détaillant le processus CPLCC doit être accessible et inclure: a) la preuve que le plan a été élaboré en consultation et discussion avec tous les groupes concernés dans les communautés, et que ces groupes ont eu accès à toutes les informations, y compris sur les mesures suivies pour les impliquer dans la prise de décision; b) la preuve que l'entreprise a respecté la décision des communautés de donner ou refuser leur consentement aux opérations au moment où cette décision a été prise; c) la preuve que les communautés affectées ont compris et accepté les conséquences légales, économiques, environnementales et sociales de leur consentement à l'exploitation de leurs terres, y compris les implications relatives au statut juridique de leurs terres à l'expiration du titre de propriété, de concession, ou du bail foncier de l'entreprise.

4. Voir les Principes directeurs de l'OCDE IV.40: '[...] les entreprises doivent respecter les droits de l'homme de personnes appartenant à des catégories spécifiques ou de populations méritant une attention particulière, dès lors qu'elles risquent d'avoir un

impact négatif sur ces droits. Dans ce contexte, les instruments des Nations Unies ont précisé les droits des populations autochtones [...].''

5. La Convention n°169 de l'OIT définit les peuples autochtones et tribaux comme suit. *Peuples tribaux:* ils se distinguent des autres secteurs de la communauté nationale par leurs conditions sociales, culturelles et économiques, et sont régis totalement ou partiellement par des coutumes ou traditions qui leur sont propres ou par une législation spéciale; *Peuples autochtones:* ils sont considérés comme autochtones du fait qu'ils descendent des populations qui habitaient le pays ou une région géographique à laquelle appartient le pays, à l'époque de la conquête ou de la colonisation ou de l'établissement des frontières actuelles de l'État, et qui, quel que soit leur statut juridique, conservent l'intégralité ou seulement certaines de leurs institutions sociales, économiques, culturelles et politiques.

6. Voir la Convention n°169 de l'OIT, Article 1.2.

7. Principes directeurs de l'OCDE, I.2 et IV. 1.

8. Les ressources suivantes fournissent des détails sur les attentes des populations en lien avec le CPLCC: *Guide sur le consentement libre, informé et préalable*, http://resources.oxfam.org.au/pages/view.php?ref=588&search=mining&order_by=relevance&sort=DESC&offset=48&archive=0&k=&curpos=54, Oxfam Australia (2014); *Making Free Prior and Informed Consent a Reality: Indigenous Peoples and the Extractive Industries*, http://www.ecojesuit.com/wp-content/uploads/2014/09/Making-FPIC-a-Reality-Report.pdf, Doyle C. et Carino J., Middlesex University, PIPLinks & ECCR (2013).

9. Les instruments internationaux auxquels il est fait référence dans le tableau ci-dessous précisent les circonstances dans lesquelles le CPLCC est pertinent, par exemple dans les cas où une réinstallation est nécessaire.

10. Il a été suggéré que le CPLCC pourrait être interprété comme une forme plus élevée et formalisée de participation des populations. En conséquence, les entreprises peuvent dans certains cas souhaiter enclencher un processus de consultation plus formel lorsqu'elles développent un projet dans ou à proximité d'un territoire autochtone qui est susceptible d'avoir des impacts négatifs importants. Voir Lehr & Smith, *Implementing a Corporate Free Prior Informed Consent Policy*, www.foleyhoag.com/publications/ebooks-and-white-papers/2010/may/implementing-a-corporate-free-prior-and-informed-consent-policy, Foley Hoag (2010), p. 8. Le World Resources Institute conseille aux entreprises de lever les obstacles liés à la mise en œuvre concrète des procédures de CPLCC par une reconnaissance légale du processus – par exemple par un accord formel, en combinaison avec d'autres bonnes pratiques d'implication des parties prenantes. Voir *Development without Conflict: The Business Case for Community Consent*, World Resources Institute (2007), http://webcache.googleusercontent.com/search?q=cache:KBxXOS9628IJ:pdf.wri.org/development_without_conflict_fpic.pdf+&cd=1&hl=en&ct=clnk&gl=fr.

11. Principes directeurs de l'OCDE, II.B.18-19 et IV.40 & 42.

12. Il convient de solliciter une expertise juridique pour clarifier les obligations légales relatives à l'engagement avec les peuples autochtones.

ÉDITIONS OCDE, 2, rue André-Pascal, 75775 PARIS CEDEX 16
(20 2016 01 2 P) ISBN 978-92-64-26402-1 – 2016

www.ingramcontent.com/pod-product-compliance
Lightning Source LLC
LaVergne TN
LVHW081418110826
845149LV00010B/1792

* 9 7 8 9 2 6 4 2 6 4 0 2 1 *